常见体能训练伤病功能康复科普手册

刘瑞莲　屈　鹤　郭富强　屈红林　编著

图书在版编目（CIP）数据

常见体能训练伤病功能康复科普手册 / 刘瑞莲等编著. -- 湘潭 : 湘潭大学出版社, 2024.2
ISBN 978-7-5687-1392-4

Ⅰ. ①常… Ⅱ. ①刘… Ⅲ. ①体能－身体训练－康复训练－手册 Ⅳ. ①G808.14-62

中国国家版本馆CIP数据核字(2024)第039281号

常见体能训练伤病功能康复科普手册

CHANGJIAN TINENG XUNLIAN SHANGBING GONGNENG KANGFU KEPU SHOUCE

刘瑞莲 屈鹤 郭富强 屈红林 编著

责任编辑：王利剑
封面设计：王 宇
出版发行：湘潭大学出版社
社 址：湖南省湘潭大学工程训练大楼
电 话：0731-58298960 0731-58298966（传真）
邮 编：411105
网 址：http://press.xtu.edu.cn/
印 刷：长沙创峰印务有限公司
经 销：湖南省新华书店
开 本：787 mm×1092 mm 1/16
印 张：10.75
字 数：198千字
版 次：2024年2月第1版
印 次：2024年2月第1次印刷
书 号：ISBN 978-7-5687-1392-4
定 价：88.00元

前言

体能训练中，诸多因素可诱发伤病的出现，伤患的病因和影响因素也很多，但从运动医学的角度分析，其病因归纳起来主要包括人体内部因素和外部因素两大方面。诱发体能训练伤病的内因常见于身体机能状态不佳、身体素质条件较差、缺乏充分的准备活动和整理活动，以及运动强度负荷过大等。外部因素包括场地器械因素、环境因素，以及其他人为因素等。比如器械设备的直接作用力过大、医务监督不足等，极易导致体能训练参与者的伤病。

本书以常见体能训练伤病及其功能康复训练方法科普为主线，围绕常见体能训练伤病的关节结构、功能康复筛查以及功能康复训练方法等内容进行设计。全书分为两部分，第一部分，针对肩关节、腰部、膝关节和踝关节的解剖学结构，及其常见伤病、功能筛查等内容进行详细阐述；第二部分，主要介绍体能训练伤病的功能康复训练方法。

全书共分为两部分，十五章。

第一部分：体能训练中常见关节结构及其伤病康复功能筛查方法。该部分内容包括第一章至第八章，主要阐述肩关节、腰部、膝关节和踝关节的解剖学结构及功能，相关常见伤病的功能筛查方法等内容，为常见伤病的功能康复训练方法科普提供理论支持。各关节常见伤病的功能筛查方法，一方面为常见伤病的功能康复训练方法的实施提供了有益借鉴，另一方面为探究各功能康复训练方法的效果实施，奠定了方法学基础。

第二部分：常见体能训练伤病的功能康复。该部分内容包括第九章至第十五章。该部分亦按照肩关节、腰部、膝关节和踝关节的伤病功能康复训练方法为主线，探讨各关节在体能训练伤病后的功能康复训练方法，其中按照从上至下的结构，穿插有上肢功能力量训练、胸椎功能训练、下肢动作模式等科普方法，使常见体能训练伤病的功能康复训练成为一体。

本科普手册的编写得到国家体育总局科教司综合处、军事科学院战略评估咨询中心、中国人民解放军火箭军驻地部队、江西省委军民融合办、宜春市委军民融合办、宜春市军分区等领导的指导，国家体育总局体科所闫琪研究员亲临指导，在驻地部队的士兵训练伤病的功能康复中起到了良好的指导作用。

本手册获国家重点研发计划（含国防类）项目（项目编号：22－ZLXD－22－01－01－013－01）、江西省自然科学基金重点项目（项目编号：20202ACBL206006）、江西省教育厅科技项目（项目编号：GJJ211637、GJJ2201739）的资助。

编　者

2023 年 12 月 18 日

目　录

第一部分　体能训练中常见关节结构及其伤病康复功能筛查方法

第二部分 常见体能训练伤病的功能康复

第一部分

体能训练中常见关节结构及其伤病康复功能筛查方法

本部分主要依据解剖学、保健学、运动学等学科知识，针对体能训练中常见损伤的肩关节、腰部、膝关节和踝关节等大关节的解剖学结构等进行阐述，以期为参训人员进行相关知识的科学普及，拓宽其对常见关节结构及其伤病康复功能的了解和认知。

第一章　肩关节解剖学结构及功能

第一节　肩关节骨骼解剖学结构

肩关节（图 1－1）由锁骨、肩胛骨和肱骨 3 块骨骼构成，组成盂肱关节、肩锁关节、肩胸关节和胸锁关节等 4 个关节。

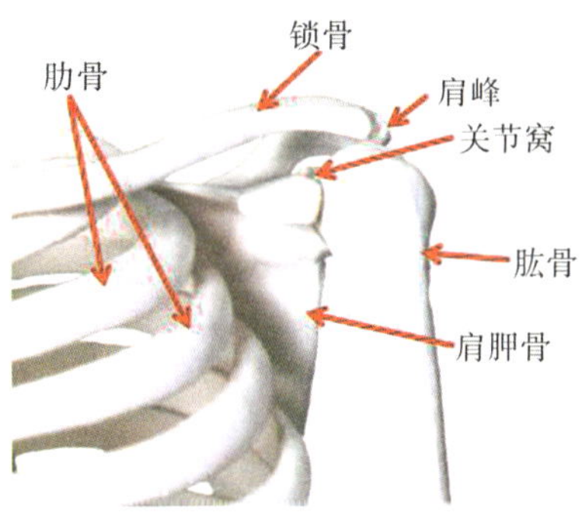

图 1－1　肩关节骨骼解剖结构

1. 锁骨

锁骨正面呈 S 形，由肩峰延伸至胸骨柄。锁骨作为上肢和躯干之间的支点，允许上肢最大范围的活动度，为肌肉提供止点，将力量由上肢传到躯干。

2. 肩胛骨

肩胛骨为三角形不规则扁骨，有一定的弧度，位于胸廓后外侧的上方，介于第 2～7肋骨之间。肩胛骨前方为凹面，有利于与肋骨组成胸廓连接，后方为凸面。肩胛骨外上方的梨形浅窝，称关节盂，与肱骨头相关节。盂上、下方各有一粗糙隆起，分别称为盂上结节和盂下结节。

3. 肱骨

肱骨上端膨大，有朝向上后内方呈半球形的肱骨头，平均直径为 43 mm。肱骨头的外侧和前方有隆起的大结节和小结节，向下各延伸一嵴，称为大结节嵴和小结节嵴。

两结节间有一纵沟，称为结节间沟。

第二节 肩关节关节解剖学结构

肩关节分为盂肱关节、肩锁关节、肩胸关节和胸锁关节（图 1－2）等。

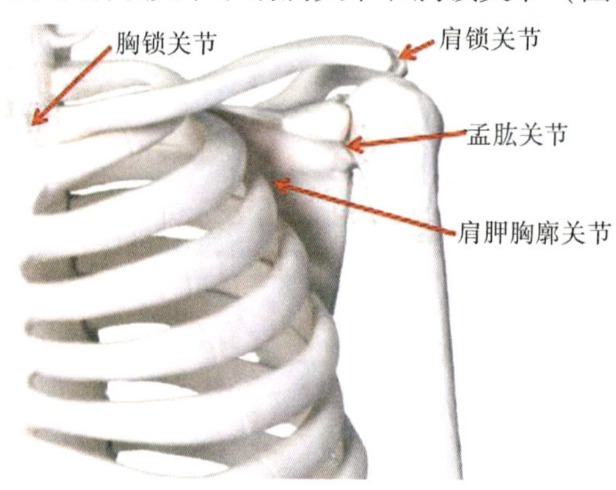

图 1－2 肩关节的关节组成

1. 盂肱关节

盂肱关节为可进行三轴运动的球窝关节，是全身活动度最大的关节。

2. 肩锁关节

肩锁关节由锁骨外侧端和肩峰外侧缘向内 2～3 cm 部分形成平面滑动的滑膜关节。关节上面部分存在不完整的关节盘。

3. 胸锁关节

胸锁关节由锁骨内侧端，第 1 肋软骨和胸骨柄外上缘构成的滑膜关节，形状为鞍形，可滑动。

第三节 肩关节韧带解剖学结构

肩关节周围的韧带有喙肱韧带、喙肩韧带和盂肱韧带等，具有维护关节稳定的功能。

1. 喙肱韧带

喙肱韧带起于喙突下，向侧前下方固定于肱骨，相当于冈上肌及肩胛下肌附着点之间，其纤维与关节囊紧连在一起。这个韧带对肱骨头起支持及防止肱骨过度外旋的作用。肩周炎时，喙肱韧带广泛发炎，使肱骨头保持在内旋位置，严重影响肩关节的关节活动度。

2. 喙肩韧带

喙肩韧带为肩关节上部的屏障，起于喙突外缘，基底较宽，逐渐变窄，向外止于肩峰，把肩峰下滑囊与肩锁关节分开，如图 1－3 所示。上臂抬高时，肱骨大结节位于喙肩弓（喙肩韧带与肩峰）的下部，成为肱骨头外展的支点。

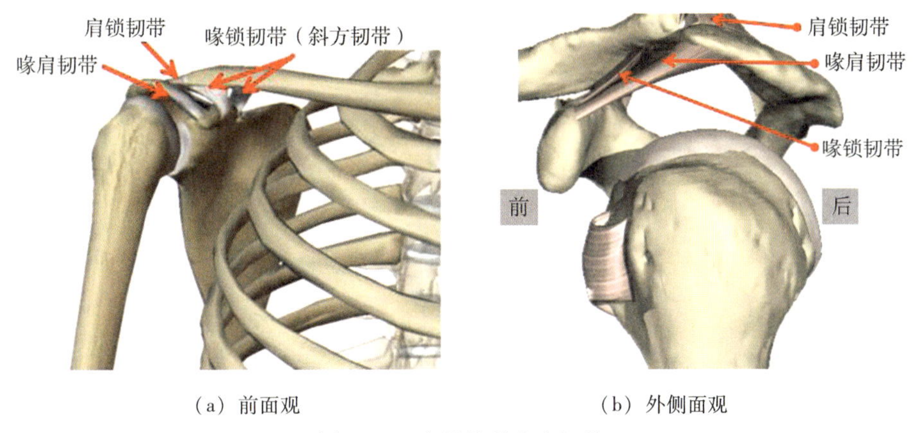

（a）前面观　（b）外侧面观

图 1－3　肩关节的喙肩韧带

3. 盂肱韧带

盂肱韧带为关节囊的增厚部分，起于肱骨解剖颈的前下部，向上、向内止于关节盂上结节和关节盂唇。盂肱韧带分为盂肱上、中、下 3 个韧带。这 3 条韧带处于关节囊的内面，有约束肩肱关节外旋的作用。其中以中盂肱韧带最为重要，如该韧带缺损，则关节囊的前壁薄弱而易产生关节脱位。

第四节　肩关节参与运动的肌肉

参与肩关节运动的肌肉主要为肩部肌肉，如图 1－4 所示。肩关节运动需在上臂肌肉协助下共同进行。肩关节的运动必须具备 2 个条件：① 要有良好的肩胛部肌肉使肩部保持相当的稳定；② 肱骨头和关节盂之间须保持密切相接（主要由肩袖来完成）。因此，参与肩关节运动的骨骼肌并不单纯地只供给关节动力，在稳定肩关节方面也起很重要的作用。参与肩关节运动的骨骼肌很多，具体说来主要有三角肌、冈上肌、冈下肌、小圆肌、大圆肌、肩胛下肌、胸锁乳突肌、肱二头肌、肱三头肌、斜方肌、胸大肌、背阔肌、喙突肌等。

1. 三角肌

三角肌的前束起自锁骨外侧 1/3，中束起自肩峰外侧缘，后束起自肩胛冈下缘，止于肱骨三角肌粗隆。三角肌主要受腋神经 $C_4 \sim C_6$ 支配，具有外展、屈曲、伸展和旋转上臂等功能。

2. 冈上肌

冈上肌起于肩胛骨冈上窝，止于肱骨大结节，受肩胛上神经 $C_5 \sim C_6$ 支配，具有带动上臂外展的功能。

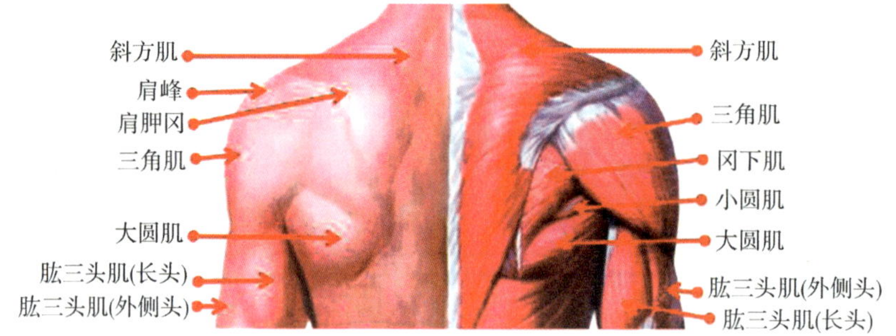

（a）后面观

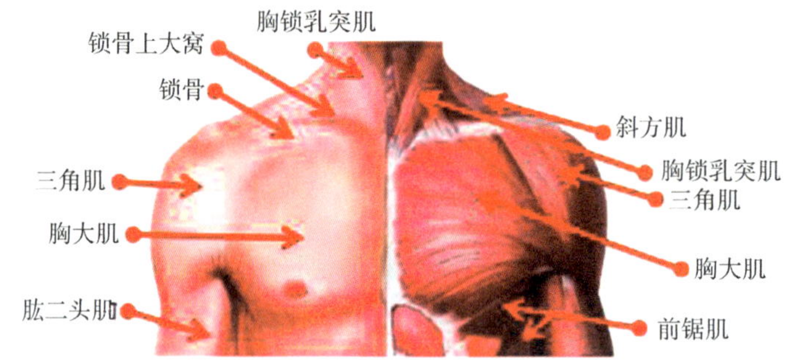

（b）前面观

图 1-4　参与肩关节运动的肌肉

3. 冈下肌

冈下肌起于肩胛骨冈下窝，止于肱骨大结节，受肩胛上神经 $C_5 \sim C_6$ 支配，具有伸展上臂并使其向外旋转的功能。

4. 小圆肌

小圆肌起于肩胛骨外侧缘上 2/3，止于肱骨大结节，受腋神经 $C_5 \sim C_6$ 支配，具有外展上臂并外旋的功能。

5. 大圆肌

大圆肌起于肩胛骨下角和外侧缘 1/3，止于肱骨二头肌间沟内侧缘，受肩胛下神经 $C_6 \sim C_7$ 支配，具有内收和伸展上臂，并使上臂内旋等功能。

6. 肩胛下肌

肩胛下肌起于肩胛下窝，止于肱骨小结节，受肩胛下神经 $C_5 \sim C_7$ 支配，具有内旋上臂的功能。

7. 胸锁乳突肌

胸锁乳突肌起于乳突外侧面和枕骨上项线外1/2，止于胸骨部分至胸骨柄前表面锁骨部分至锁骨前表面的内1/3，受颈丛神经 $C_2 \sim C_3$ 支配，具有稳固头和颈，防止颈部过度伸展和头向后运动，弯曲颈部，参与吞咽和呼吸等功能。

8. 肱二头肌

肱二头肌长头起于盂上结节，短头起于喙突，止于桡骨粗隆，受肌皮神经 $C_5 \sim C_7$ 支配，具有屈肘协助曲臂，当前臂处于旋前位时，使前臂旋后等功能。

9. 肱三头肌

肱三头肌长头起于盂下结节，内侧头起于肱骨后表面，外侧头起于肱骨大结节后外侧，止于尺骨鹰嘴，受桡神经 $C_5 \sim C_7$ 支配，具有伸肘，助肩关节后伸及内收（长头）等功能。

10. 斜方肌

斜方肌包括上、中、下斜方肌。其中上斜方肌起于上项线、项韧带和 $C_1 \sim C_5$ 棘突，止于锁骨外1/3，受颈丛 $C_3 \sim C_4$ 神经支配；中斜方肌起于 $C_6 \sim T_3$ 棘突和棘上韧带，止于肩胛骨肩峰和肩胛冈上部，受臂丛 $C_5 \sim T_1$ 胸神经支配；下斜方肌起于 $T_4 \sim T_{12}$ 棘突和棘上韧带，止于肩胛嵴内侧缘接近肩胛提肌下方，受 $T_2 \sim T_{12}$ 神经支配。斜方肌具有提高肩胛骨向上方旋转，使肩胛骨回缩，压低肩胛骨，伸展头和颈部，转动头和颈部等功能。

11. 胸大肌

胸大肌起于锁骨内侧1/2，胸骨前面1/2和第1～6肋软骨，以及腹直肌鞘前臂上部，止于肱骨大结节嵴，受正中神经 $C_8 \sim T_1$，胸外侧神经 $C_5 \sim C_7$，锁骨部 $C_5 \sim C_6$，胸肋部 $C_7 \sim T_1$，胸大肌表面皮肤是 $T_2 \sim T_6$ 等的支配，具有内收、屈曲、内旋上臂等的功能。

12. 背阔肌

背阔肌起于下第5～6胸椎和腰椎的棘突，骶骨上嵴中间和髂嵴外缘，止于肱骨二头肌间沟内侧缘，受胸背神经 $C_6 \sim C_8$ 支配，具有内收上臂并使上臂内旋并伸展等作用。

13. 喙肱肌

喙肱肌起于肩胛骨喙突，止于肱骨内侧中部，受肌皮神经 $C_6 \sim C_7$ 支配，具有外展屈曲肱骨，防止肩关节向下滑脱。

第五节 肩关节的滑囊与肩袖

1. 滑囊

肩部的滑囊（图1－5）包括肩峰下滑囊、三角肌下滑囊、肩胛下肌滑囊、喙突下滑囊、肩峰上滑囊、前锯肌滑囊、胸大肌腱下滑囊、背阔肌腱下滑囊、大圆肌腱下滑囊。

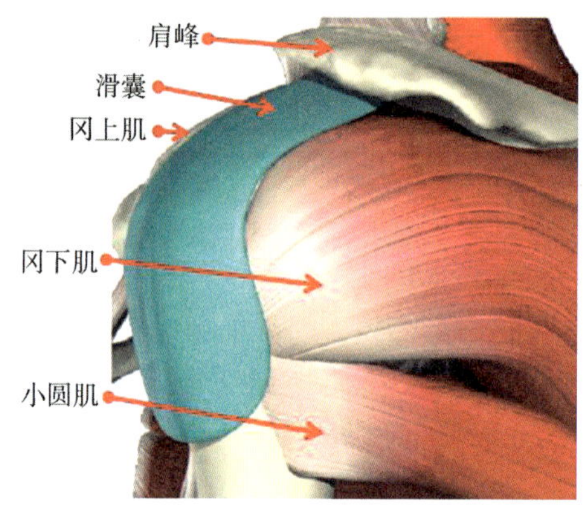

图1－5 肩部滑囊（背面观）

2. 肩袖

肩袖又称旋转袖和肌腱袖。肩袖是指由冈上肌、冈下肌、小圆肌及肩胛下肌4块肌肉的肌腱所组成的彼此相连的腱板，并且与关节囊紧密相连的一种结构，呈一个袖套状包绕肱骨头，如图1－6所示。肩袖的作用在于加固肱骨头与关节盂的连接，维持盂肱关节的稳定，同时提供肩关节活动时所需的动力。

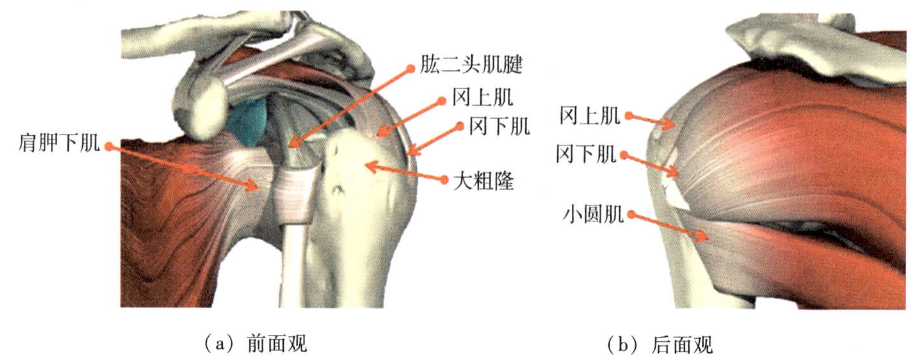

（a）前面观 （b）后面观

图1－6 肩袖

第二章 肩关节常见伤病的功能筛查

第一节 肩关节常见损伤类型

肩部常见的运动损伤包括肩袖损伤、关节盂唇损伤、肩关节脱位、肩关节骨折等，其损伤的原因有多种，比如创伤、随年龄增长出现的退行性疾病、过度运动，以及慢性炎症等。如何判定肩关节损伤的原因，是进行损伤治疗与康复的关键。

1. 肩袖损伤

当存在运动不当、暴力牵拉及存在肩关节撞击征等因素时，容易导致肩袖损伤，如图 2－1 所示。患者常表现为肩关节活动受限并伴随肩关节疼痛，以夜间疼痛为主。

2. 关节盂唇损伤

关节盂唇损伤被称为最容易被忽略的肩关节疼痛伤病。肩关节是一个十分灵活的关节，上盂唇与肱二头肌腱止点紧密连接而形成肱二头肌腱盂唇复合体。盂唇的主要作用是增加肩关节的稳定性，盂唇是肩关节内损伤的常见部位之一。受外伤后，可能引起该部位的损伤，出现如疼痛、弹响、交锁、肩关节不稳定等症状。

3. 肩关节脱位

常见的肩关节脱位包括肩关节前脱位和肩锁关节脱位等，多是由于肩关节受到外力撞击而引起，常出现肩部疼痛、肿胀、畸形、活动受限等症状。

肩关节前脱位，俗称“肩膀脱臼，肩膀掉环”，是指肩关节受到暴力外伤后盂肱关节之间丧失正常的对位关系，肱骨头向关节盂的前下方脱位的一类疾病。

肩锁关节脱位多由外伤引起，表现为锁骨远端向上方翘起，下压可复位，松手后上弹，与喙锁韧带撕裂有关。对于喙锁韧带轻度拉伤，锁骨远端无明显上翘的情况下，可以采用颈腕吊带固定的保守治疗方式；而对于喙锁韧带完全撕裂，锁骨远端存在明显上翘或多方向移位时，则需要进行喙锁韧带重建手术以恢复肩锁关节的稳定性。

4. 肩关节骨折

肩关节骨折多由外伤引起，比如因受到外力撞击诱发骨折，主要表现为肩部疼痛、肿胀、畸形等症状，严重时还会出现肩关节功能障碍。常见的肩关节骨折包括肩峰端骨折、肩胛骨骨折、肱骨大结节骨折、肱骨外科颈骨折等。

5. 肩峰撞击综合征

肩峰前外侧端形态异常、骨赘形成，肱骨大结节的骨赘形成，肩锁关节增生肥大，以及其他可能导致肩峰—肱骨头间距减小的原因，均可造成肩峰下结构的挤压与撞击。这种撞击大多发生在肩峰前 1/3 部位和肩锁关节下面。反复的撞击促使滑囊、肌腱发生损伤、退变，乃至发生肌腱断裂。

6. 肱二头肌损伤

肱二头肌损伤多见于肱二头肌腱鞘炎和肱二头肌断裂。

① 肱二头肌腱鞘炎：任何肩关节的急性外伤、慢性炎症，或是日常生活中的反复机械性刺激，都可能引起肱二头肌腱鞘的充血、水肿、细胞浸润，甚至纤维化、腱鞘增厚、粘连等，诱发肱二头肌长头肌腱滑动功能障碍。肱二头肌腱鞘炎主要表现为局部疼痛，并逐渐加重，肱二头肌间沟处压痛，肩关节活动受限等。

② 肱二头肌腱断裂：因劳损、切割或肱二头肌突然抗阻力强烈收缩而肌腱纤维部分或全部断裂，以肩前侧肿痛、无力、不适，其上部断裂，屈肘力弱；其下部断裂，肌腹上移，上臂中段前侧膨隆，下 1/3 处平坦，断裂处皮下瘀斑，压痛为主要表现的疾病。

7. 肩周炎

肩周炎是肩关节周围炎的简称，又称为“五十肩”“冻结肩”“漏肩风”等。肩周炎是肩关节周围肌肉、肌腱、滑膜囊及关节囊的慢性非特异性损伤性炎症，以肩部疼痛、功能活动受限为临床特征的一类病症。

第二节　肩关节损伤的呼吸观察与肩峰撞击排除性筛查方法

一、呼吸观察

1. 筛查方法

双脚自然站立，保持正常呼吸，然后当一次呼吸后，用手捏住鼻子屏息，如图 2－1所示。

图 2－1　呼吸观察筛查方法

2. 筛查结果判定

如果屏气时间大于等于 25 s，则通过筛查；如果屏气时间小于 25 s，则没有通过筛查。如在完成筛查动作的过程中出现疼痛，则说明存在损伤风险。

二、肩峰撞击排除性筛查

1. 筛查方法

自然站立，左臂自然置于体侧，右臂向上屈肘并用右手触摸对侧肩关节，使右肘尽可能靠近身体中线，然后上抬右肘至与地面平行，如图 2－2 所示。完成后，换另一侧进行筛查。

图 2－2　肩峰撞击排除性筛查方法

2. 筛查原理

手臂往身体侧面或前方抬起时，肱骨大结节会“撞击”肩峰的下表面，压迫肩峰下滑囊并刺激冈上肌和肱二头肌长头的肌腱，导致肩关节活动受限，引发肩部的疼痛，如图 2－3 所示。

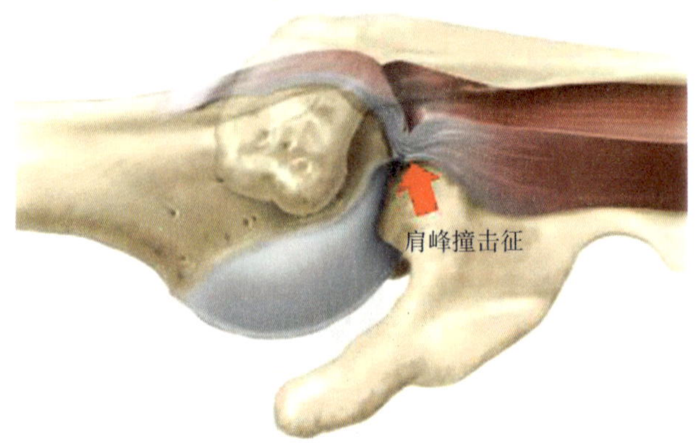

图2－3 肩峰撞击筛查的原理

3. 筛查结果的判定

如果两侧肩关节都未出现疼痛，则通过筛查；如果任何一侧肩关节出现疼痛，则没有通过筛查，有损伤风险。

第三节 肩关节灵活性筛查

检测肩关节灵活性方法较多，比如功能性动作筛查（FMS）、肩关节活动度检查等，以下将介绍通过测量双拳间最近指关节距离判定肩关节灵活性的方法。该方法既可以判定肩关节灵活性，还可通过双侧测定结果判定双侧的对称性。

一、肩关节灵活性双侧筛查

1. 筛查方法

（1）首先测量手掌的长度（图2－4）。手掌的长度指远端腕关节横纹到中指指尖的距离。

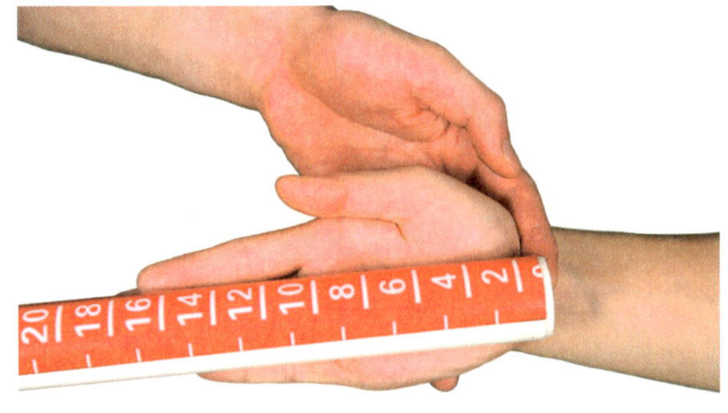

图2－4 手掌长度的测定方法

（2）自然站立，右臂屈肘握拳（拇指被其余四指包裹）置于颈部后方，拳心朝前；左臂屈肘握拳（拇指被其余四指包裹）置于胸部后方，拳心朝后；双拳沿脊柱尽量向对方靠近，如图2－5所示。完成后，交换双手位置重复上述动作。

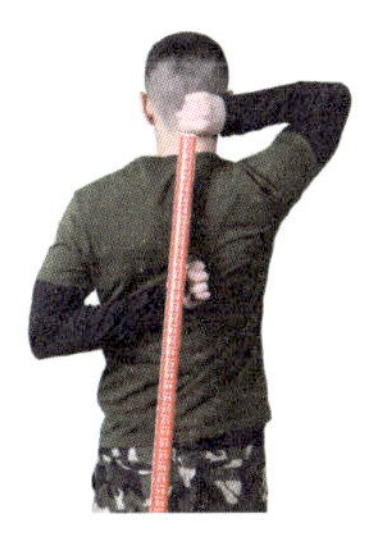

图2－5　拳指间距的测定方法

2. 筛查结果的判定

如果双拳之间的距离小于等于本人一个半手掌的长度，则通过筛查；如果双拳之间的距离大于本人一个半手掌的长度，或双拳交换位置后距离相差明显（超过5 cm），则没有通过筛查，有损伤风险。如果在完成筛查动作的过程中出现疼痛，则说明存在损伤风险。

二、肩关节灵活性单侧筛查

1. 筛查方法

（1）自然站立，左臂自然置于体侧，右臂屈肘置于颈部后方，右手四指并拢（掌心向前）并向右下方伸够左侧肩胛上角，如图2－6（a）所示。

（2）右臂下放并屈肘置于胸部后方，右手四指并拢（掌心朝后）并向左上方伸够左侧肩胛下角，如图2－6（b）所示。完成后，换另一侧进行筛查。

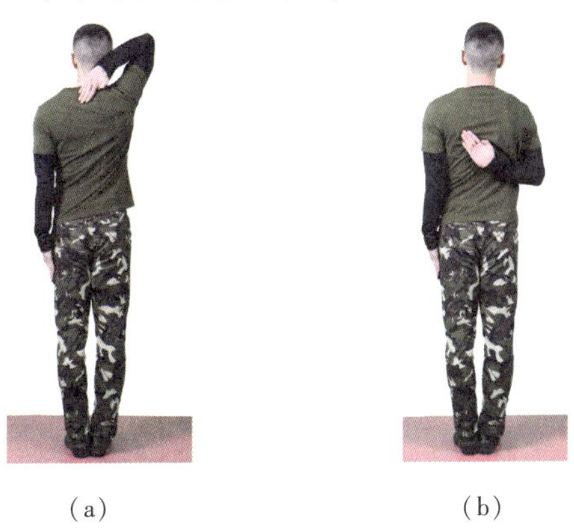

（a）　（b）

图2－6　肩关节灵活性单侧筛查方法

2. 筛查结果的判定

如果双手均可触及对侧的肩胛上角和肩胛下角，则通过筛查；如果任何一只手未能触及对侧的肩胛上角或肩胛下角，则没有通过筛查，有损伤风险。如果在完成筛查动作的过程中出现疼痛，则说明存在损伤风险。

三、肩关节外旋活动度筛查

1. 筛查目的

肩关节外旋活动度筛查，可以用于评估肩关节外旋的灵活性，同时观察左右两侧是否存在不对称的情况。

2. 筛查方法

（1）双脚并拢站立，左臂自然置于体侧，右臂屈肘90°，上抬至与地面平行，且上臂与肩关节呈一条直线，右手掌心向下，如图2－7（a）所示。

（a）右臂屈肘

（b）右臂肘关节向上转动

图2－7 肩关节外旋活动度筛查方法

（2）右臂上臂保持位置不变，前臂围绕上臂向上转动，如图2－7（b）所示。完成后，换另一侧进行筛查。

3. 筛查结果的判定

如果前臂（单侧或双侧）向上转动的幅度小于80°，或双侧前臂向上转动的幅度相差明显（超过5°），则筛查结果为“不合格，有损伤风险”；如果双侧前臂向上转动的幅度大于等于80°，且双侧前臂向上转动的幅度相差不明显（不超过5°），则筛查结果为“合格”。如果在完成筛查动作的过程中出现疼痛，则说明存在损伤风险。

四、肩关节内旋活动度筛查

1. 筛查目的

肩关节内旋活动度筛查，可以用于评估肩关节内旋的灵活性，同时观察左右两侧是否存在不对称的情况。

2. 筛查方法

（1）双脚并拢站立，左臂自然置于体侧，右臂屈肘90°，上抬至与地面平行，且上臂与肩关节呈一条直线，右手掌心向下，如图2－8（a）所示。

（2）右臂上臂保持位置不变，前臂围绕上臂向下转动，如图2－8（b）所示。完成后，换另一侧进行筛查。

（a）右臂屈肘90°

（b）右臂屈肘向下转动

图2－8　肩关节内旋活动度筛查方法

3. 筛查结果的判定

如果前臂（单侧或双侧）向下转动的幅度小于70°，或双侧前臂向下转动的幅度相差明显（超过5°），则筛查结果为“不合格，有损伤风险”；如果双侧前臂向下转的幅度大于等于70°，且双侧前臂向下转动的幅度相差不明显（不超过5°），则筛查结果为“合格”。如果在完成筛查动作的过程中出现疼痛，则说明存在损伤风险。

五、肩关节屈曲活动度筛查

1. 筛查目的

肩关节屈曲活动度筛查，可以用于评估肩关节屈曲的灵活性，同时观察左右两侧是否存在不对称的情况。

2. 筛查方法

（1）双脚并拢站立，双臂自然置于体侧，如图2－9（a）所示。

（2）左臂伸直上举至最大限度，如图2－9（b）所示。完成后，换另一侧进行筛查。

（a）双臂自然置于体侧

（b）左臂伸直上举至最大限度

图2－9　肩关节屈曲活动度筛查方法

3. 筛查结果的判定

如果手臂（单侧或双侧）向上举起的幅度小于 160°，或双侧手臂向上举起的幅度相差明显（超过 10°），则筛查结果为“不合格，有损伤风险”；如果双侧手臂向上举起的幅度大于等于 160°，且双侧手臂向上举起的幅度相差不明显（不超过 10°），则筛查结果为“合格”。如果在完成筛查动作的过程中出现疼痛，则说明存在损伤风险。

六、肩关节伸展活动度筛查

1. 筛查目的

肩关节伸展活动度筛查，可以用于评估肩关节伸展的灵活性，同时观察左右两侧是否存在不对称的情况。

2. 筛查方法

（1）双脚并拢站立，双臂自然置于体侧，如图 2－10（a）所示。

（2）左臂伸直后抬至最大限度，如图 2－10（b）所示。完成后，换另一侧进行筛查。

（a）双臂自然置于体侧

（b）左臂伸直后抬至最大限度

图 2－10 肩关节伸展活动度筛查方法

3. 筛查结果的判定

如果手臂（单侧或双侧）向后抬起的幅度小于 40°，或双侧手臂向后抬起的幅度相差明显（超过 5°），则筛查结果为“不合格，有损伤风险”；如果双侧手臂向后抬起的幅度大于 40°，且双侧手臂向后抬起的幅度相差不明显（不超过 5°），则筛查结果为“合格”。如果在完成筛查动作的过程中出现疼痛，则说明存在损伤风险。

第三章　腰部解剖学结构及功能

腰是人体的重要部位之一，连接上半身和下半身，支撑着身体重量，维护着重要器官，同时也是许多运动的核心部位。腰部主要由脊柱、肌肉、韧带和神经组成，这些组织协同工作，使机体进行各种活动。

第一节　腰部解剖学结构

1. 脊柱

人体的脊柱位于背部正中，由椎体骨、椎间盘通过肌肉、韧带连接，脊柱的椎管容纳脊髓。整个脊柱是人体最大、最重要的支撑结构，由颈椎（7 块），胸椎（12 块），腰椎（5 块），骶椎（由 5 个骶椎融合而成 1 块），尾椎（由 4 个尾椎融合而成 1 块）5 部分组成，形成了颈曲（向前凸）、胸曲（向后凸）、腰曲（向前凸）和骶曲（向后凸）4 个生理性弯曲，如图 3－1 所示。

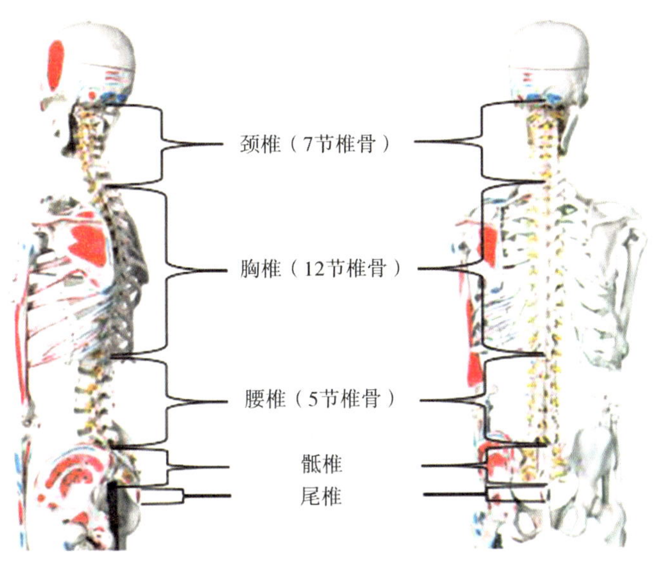

图 3－1　脊柱的结构

2. 肌肉

腰部的肌肉主要包括腰方肌、腰大肌、腰小肌、腹直肌等，这些肌肉负责支撑脊柱和维持身体的平衡，同时也是各种运动的重要动力结构。

3. 韧带

腰部的韧带主要有髂腰肌韧带、黄韧带、髂脊韧带等。它们连接着脊柱和骨盆，起到支撑和稳定的作用。

4. 神经

腰部的神经主要有坐骨神经、腰神经等。它们负责传递身体的感觉和指令，控制我们的肌肉运动和生理功能。

第二节 腰部骨性解剖学结构

腰部由椎骨、骶骨和两侧髂骨组成一个完整的腰部支柱，周边包裹肌肉，外覆皮肤。其位置在胸背部的下方和骨盆上方，位于身体中段。

腰椎由锥体、横突、上关节突、椎弓和棘突等组成，椎孔位于中间，供脊髓穿过。

1. 腰椎柱

腰椎柱是腰部脊柱的骨性结构，由 5 个腰椎体和椎体间的椎间盘组成。腰椎的椎弓根短而宽大，起自椎体的上部，横突折向后方，留出空间以容纳前方的肋骨。

2. 腰椎椎弓

椎弓呈马蹄状，由椎弓根、椎板、上下关节突、棘突和横突等突起构成。椎弓根短而粗壮，且附着在椎体上半部的后外侧。

3. 腰椎椎孔

椎孔由椎体后方和椎弓围绕构成。椎孔的形状一般分为卵形、三角形和三叶形。同一腰椎的不同平面，会呈现不同的形态。三角形和三叶形椎孔因侧隐窝的大小而有所区别。

第三节 腰部肌肉解剖学结构

腰部肌肉群前面有腰大肌、腰方肌，外侧群有腹外斜肌、腹内斜肌和腹横肌，后侧由浅入深有背阔肌、下后锯肌、夹肌、竖脊肌、横突棘肌、横突间肌、棘突间肌。背部深层核心肌群，对脊柱的稳定性至关重要。

1. 腰部脊柱屈肌

（1）髂肌与腰大肌：髂肌呈扇形，起自髂窝。腰大肌也称大腰肌，位于腰椎椎体侧方，腰椎横突的前方，为一长梭形肌肉，起自腰椎两旁的第 12 胸椎及全部腰椎侧面的横突根部，至于股骨小粗隆，并与髂肌共同止于股骨小转子上，合称“髂腰肌”，如图 3－2 所示。

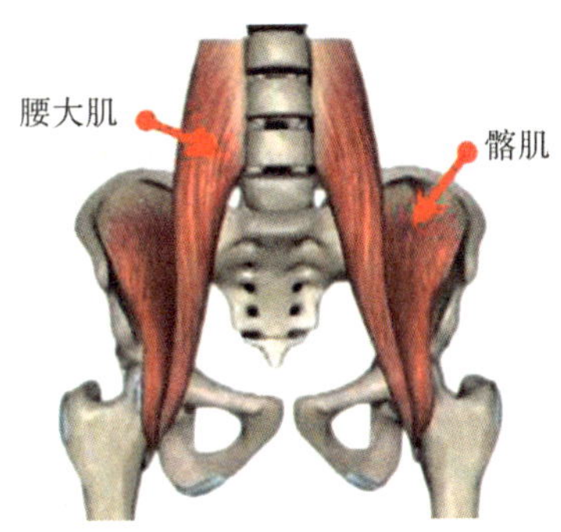

图 3－2　髂腰肌

（2）腹直肌（图 3－3）：位于前腹壁中线两侧，上起于第 5～7 肋软骨及剑突，下端止于耻骨结节，全长为腹直肌鞘所包被，其前面与肌鞘间有 3～4 个横腱划相连，以增加其收缩能力。

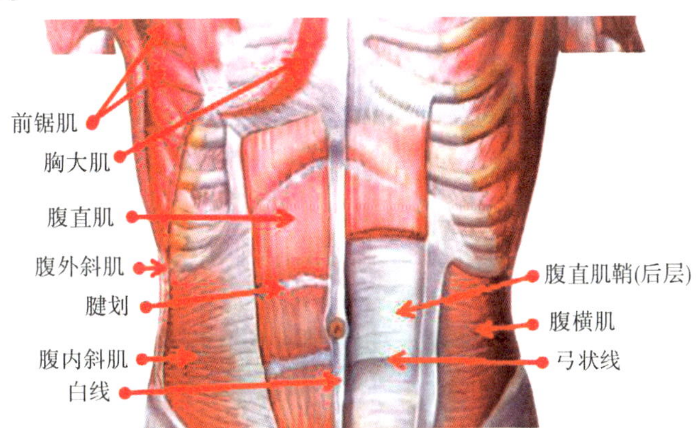

图 3－3　腹直肌

2. 腰部脊柱侧屈肌

牵拉腰部侧屈的肌肉，自背中线向外有突间肌、腰方肌及背阔肌。

（1）横突间肌：腰部横突间肌较发达，位于相邻两横突间，分为内小、外大两肌束。外侧肌束起于相邻两横突间，内侧肌束上起于横突基部的副突，下止于下位椎骨上关节突旁的乳突。

（2）腰方肌（图 3－4）：位于脊柱两旁，略呈长方形，下端较宽，起于髂腰韧带及髂嵴内缘后部。

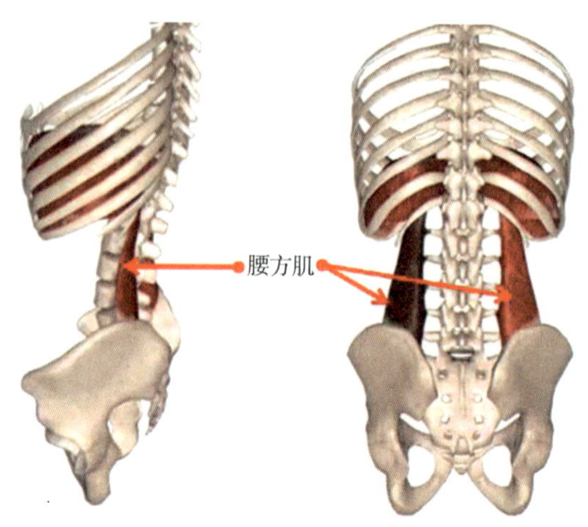

图 3－4　腰方肌

（3）背阔肌：为一个三角形阔肌，以薄腱膜与腰背筋膜浅层相接合，起于下部 6 个胸椎的棘突、全部腰椎的棘突、骶正中嵴及髂嵴后部等处。

3. 腰部脊柱伸肌

直接作用于腰部脊柱的伸肌有棘突间肌、骶棘肌。

（1）棘突间肌：位于棘间韧带两侧相邻棘突间。

（2）骶棘肌：又名脊柱竖肌，是背肌中最强大的肌肉。骶棘肌下端起于骶骨背面、腰椎棘突、髂嵴后部和腰背筋膜，沿脊柱两侧上行，为腰背筋膜所包被。骶棘肌肌束上行分为 3 组，自外向内为髂肋肌、最长肌和棘肌。

4. 腰部脊柱旋肌

腰部脊柱旋肌有紧贴脊柱的横突棘肌和远离腰椎的腹内斜肌。

（1）横突棘肌：位于横突和棘突间椎板后面的凹陷中，肌纤维起于横突，向内上斜行止于棘突。

（2）腹外斜肌及腹内斜肌：腹外斜肌以肌齿起于下位 8 个肋骨外面，纤维斜向前下，后部纤维止于髂嵴，中部前部移行为腱膜，构成腹直肌前鞘，在中线与对侧相交织。腹内斜肌位于其深面，后部纤维起于腰背筋膜外缘、髂嵴及腹股沟韧带外侧部。

第四节　腰椎的连接

1. 腰椎椎体的连接

腰椎的椎体间靠椎间盘及其前后纵韧带连接。

（1）前纵韧带：在椎体前面，上端起于枕骨底部及第 1 颈椎前结节，向下延伸到骶椎的上部，具有限制脊柱过伸的作用。

（2）后纵韧带：在椎管内椎体的后方，由第 2 颈椎向下延伸到骶椎。后纵韧带的中央部较厚，而向两侧延展部的韧带宽而薄，故椎间盘突出症向外后方突出者较多。后纵韧带具有限制脊柱过屈的作用。

2. 腰椎椎体间的连接

（1）椎体侧方韧带：位于前、后纵韧带之间，纤维较短，起到连接椎体、保护椎间盘的作用。

（2）黄韧带：又称为弓间韧带，走行于相邻椎板之间。黄韧带近端附于上一椎板前面，向外至下关节突而构成椎间关节囊的一部分，再向外附于横突的根部；黄韧带远端附于下一椎板的上缘，并向外延伸到此椎体上关节突的前上侧，并参加椎间关节囊的组成。黄韧带占据椎管背侧约 3/4 面积。黄韧带由上而下增厚，以腰部韧带为最厚，正常时约为 2 ~ 3 mm，在椎间盘突出时曾见增厚达 1 cm。黄韧带具有限制脊柱过屈的作用。

3. 椎弓间的连接

椎弓间靠黄韧带、棘间韧带、棘上韧带、横突间韧带、关节突关节等连接。

（1）横突间韧带：位于两横突之间，比较薄弱。第 5 腰椎的横突间韧带与髂骨形成髂腰韧带。

（2）棘上韧带：起于第 7 颈椎棘突，止于骶正中棘中段，少数腰 4 或腰 5 棘突。深部纤维与棘突相连。

（3）棘间韧带：位于棘突间，纤维方向一般认为位于两棘突之间，从上一棘突的基底部到下一棘突的尖部。棘间韧带与棘上韧带均具有限制脊柱前屈的作用。

第五节　腰部的辅助结构

1. 腰椎间盘的结构

腰椎间盘的结构较为复杂，腰椎间盘位于上、下两节腰椎椎体的中间，是一个具有流体力学特性的结构，由髓核、纤维环和软骨板 3 部分构成（图 3 －5）。其中髓核为中央部分；纤维环为周围部分，包绕髓核；软骨板为上、下部分，直接与椎体骨组织相连。整个腰椎间盘厚度为 8 ~ 10 mm，可以起到缓冲外部冲击的功能，增加脊椎的灵活性，能够有效地减轻外界的压力，从而保持脊柱的整体稳定。

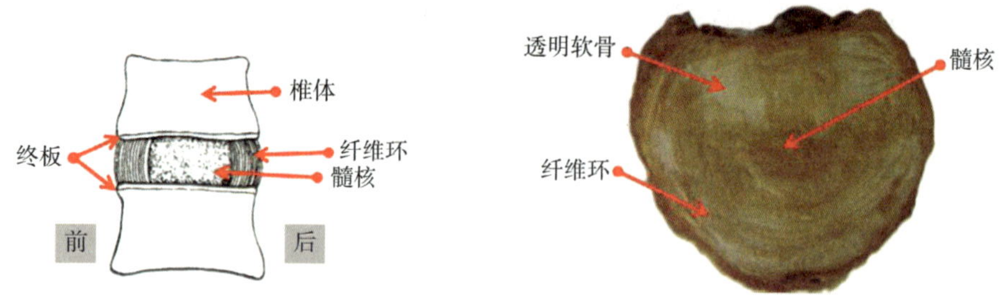

图 3－5　腰椎间盘的解剖结构

2. 腰椎间盘的功能

椎间盘主要功能是提供脊柱纵轴的稳定性并保持脊柱有一定范围的活动，即前屈、后伸、侧弯和旋转。

腰椎间盘的功能表现在：保持脊柱的高度，维持身高；连接上、下腰椎椎体，并使椎体之间有一定的活动度；使椎体表面承受相同的力；缓冲作用；保持椎间孔的大小；维持脊柱的生理曲度。腰椎间盘也很脆弱，受伤后会导致间盘的退变，出现脱水、向后突出等；也可能导致脊髓向外断裂，引起邻近的神经根、椎管等病变，从而出现关节痛、麻、乏力等现象。

第四章　腰部常见伤病及功能筛查

第一节　腰部损伤的常见类型

腰部损伤有很多种，体能训练中，常见的腰部损伤有腰背部肌筋膜炎、椎间关节疼痛、椎间盘突出、腰部扭伤或拉伤、横突骨折、峡部骨折或断裂等。

1. 腰背部肌筋膜炎

腰背部肌筋膜炎又称腰背肌肉劳损，指腰背部肌筋膜（有深、浅两层，结构复杂，其中深层筋膜位于骶棘肌的深面，浅层筋膜位于斜方肌、背阔肌和下后锯肌的深面）及肌组织发生水肿、渗出及纤维变性，典型的症状包括局部疼痛（最常见的是腰椎两侧肌肉及髂肌上方疼痛，劳累时加剧，休息时缓解）、麻木、僵硬及活动受限。

2. 椎间关节疼痛

椎间关节一方面可以帮助维持脊柱的稳定性，另 ·方面可以在椎间盘和椎体之间起缓冲、减震作用。椎间关节属于滑膜关节，关节腔隙内充满关节滑液，有炎症或受伤时会变得肿胀，肿胀严重时会使关节或神经受到压迫，产生疼痛等症状，如图 4－1 所示。

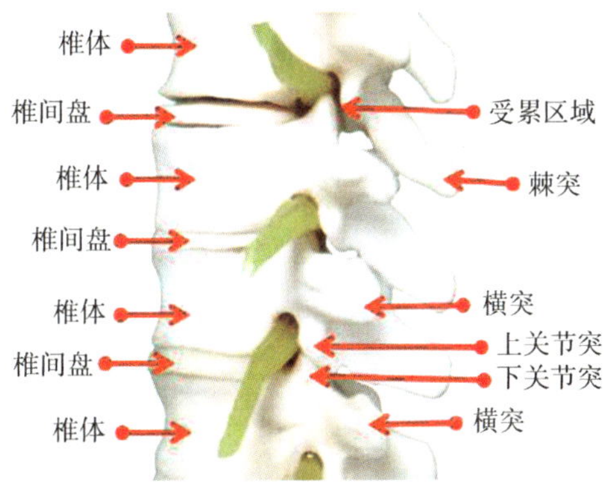

图 4－1　腰椎间关节疼痛示意图

3. 椎间盘突出

腰椎间盘突出症是引起腰腿痛的最常见原因，它是指腰椎间盘发生退行性改变以后，在外力的作用下，纤维环部分或全部破裂，单独或者连同髓核、软骨终板向外突出，刺激或压迫窦椎神经和神经根引起的以腰、腿痛为主要症状的一种病变，如图4－2所示。

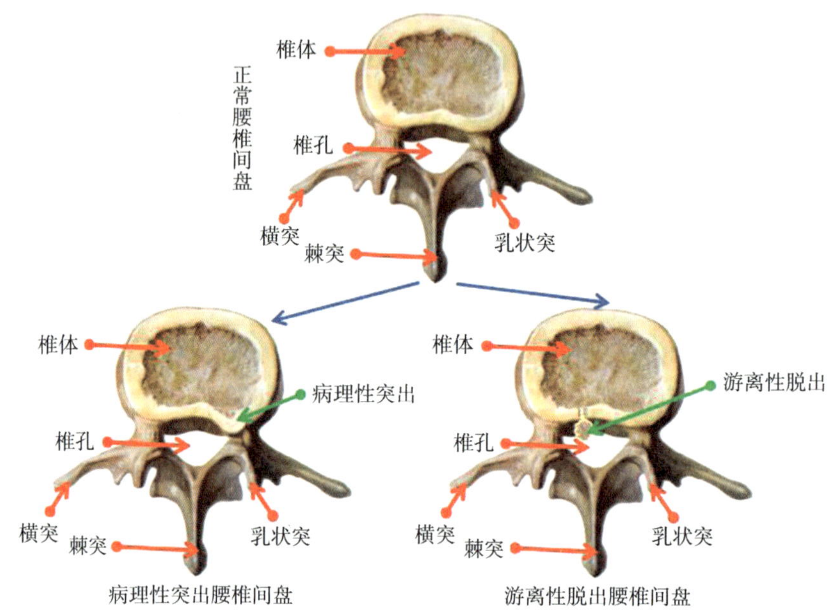

图4－2　椎间盘突出示意图

4. 腰部扭伤或拉伤

腰部扭伤指韧带因过度拉伸而部分或完全撕裂，拉伤指肌肉或肌腱因急剧收缩或过度拉伸而产生损伤。产生腰椎扭伤或拉伤的原因主要包括剧烈运动、突然改变姿势（如久坐后突然站起）、腰肌劳损、韧带或肌肉过度拉伸、受力不均匀及意外事故等。

5. 横突骨折

腰椎横突骨折可能由外伤、骨质疏松、肌肉牵拉等原因引起。比如超负荷的剧烈体能训练会诱发横突骨折的发生，甚至会引起骨折错位；再比如患者腰椎横突较长而扁薄，容易引起肌肉牵拉引发骨折。严重时可伴有椎体骨折脱位以及深部肌肉与筋膜撕裂，同侧的背伸肌出现保护性痉挛，使脊柱侧弯，凸向健康的一侧，出现腰椎横突骨折。

6. 峡部骨折或断裂

峡部裂是脊椎峡部裂的简称，又称为脊椎峡部不连、椎弓崩裂。人体生长完全的脊椎，可分为椎体、椎弓、椎板、上下关节突、横突与棘突。上、下关节突之间较为狭小的部分称为椎弓根峡部。如果一侧或两侧峡部骨质不连续，则称为脊椎峡部不连。

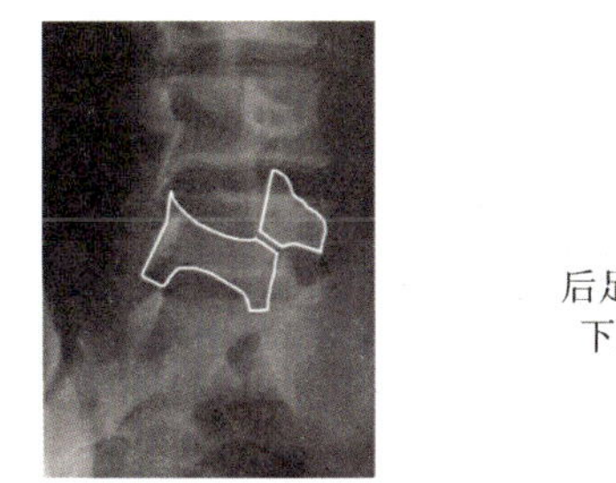

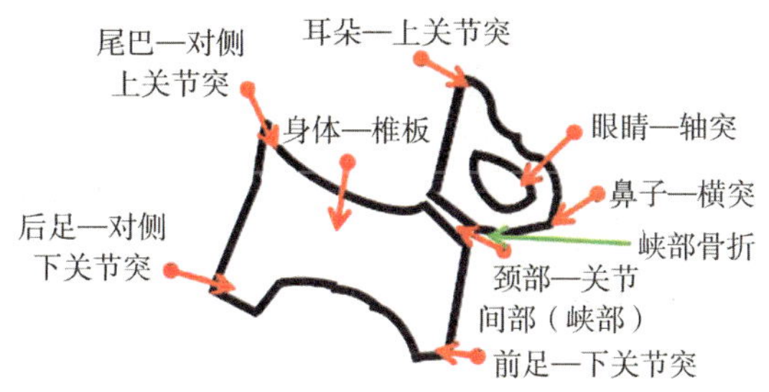

图 4－3　腰椎峡部骨折或断裂（俗称“苏格兰狗脖子”）示意图

腰椎峡部裂是临床上下腰痛的常见病因之一，其基本病变是峡部骨断裂，导致椎体小关节对抗剪切应力能力的丧失，腰椎失稳，最终导致椎体向前滑脱，如图 4－3 所示。产生峡部骨折或断裂的原因主要有：反复伸展腰椎、腰椎过度前凸、核心稳定性下降等。

第二节　腰部损伤的关节活动度简易风险筛查

一、胸椎灵活性筛查

1. 筛查目的

对胸椎的灵活性进行筛查。

2. 筛查方法

（1）身体呈左侧卧姿势，双腿屈髋、屈膝 90°，双臂向正前方伸直，双掌并拢（图 4－4）。

图 4－4　胸椎灵活性筛查预备姿势

（2）保持下方手臂紧贴地面，脊柱向对侧旋转，上方手臂缓慢地向外打开，直至能够达到的最大限度，如图 4－5 所示。

(a) 上方手臂缓慢地向外打开

(b) 脊柱向对侧旋转

图 4-5　胸椎灵活性筛查方法

3. 筛查结果的判定

如果两侧肩关节连线与地面的夹角小于 160°（预备位置为 90°），则筛查结果为“不合格，有损伤风险”；如果打开的手臂能够触地，或者两侧肩关节连线与地面的夹角大于等于 160°，则筛查结果为“合格”。如果在完成筛查动作的过程中出现疼痛，则说明存在损伤风险。

二、主动直腿上抬筛查

1. 筛查目的

主动直腿上抬筛查，可以用于评估髋关节主动屈曲时伸髋肌的柔韧性，同时观察左右两侧是否存在不对称的情况。

2. 筛查方法

（1）仰卧在垫子上，确保从头到脚完美接触垫子，双臂自然摆放在身体两侧，双手掌心朝上，双腿并拢，双脚背屈（图 4-6）。

图4-6　主动直腿上抬筛查预备姿势

（2）保持双腿伸直，并主动抬起左腿（或右腿）至最大限度，其他部位的姿势保持不变（图 4-7）。完成后，恢复至预备姿势，换另一侧进行筛查。

图 4-7　主动直腿上抬筛查方法

3. 筛查结果的判定

如果抬起的腿与地面的夹角小于70°，则筛查结果为“不合格，有损伤风险”；如果抬起的腿与地面的夹角大于等于70°且小于90°，则筛查结果为“合格”；如果抬起的腿与地面的夹角大于等于90°，则筛查结果为“优秀”；如果两侧的腿抬起角度相差明显（超过10°），则不论单侧腿的筛查结果如何，总体筛查结果均为“不合格，有损伤风险”。如果在完成筛查动作的过程中出现疼痛，则说明存在损伤风险。

三、俯卧髋关节主动伸展筛查

1. 筛查目的

俯卧髋关节主动伸展筛查，可以用于评估髋关节主动伸展时屈髋肌的柔韧性，同时观察左右两侧是否存在不对称的情况。

2. 筛查方法

（1）俯卧在垫子上，确保从头到脚完全接触垫子，双臂自然摆放在身体两侧，双手掌心朝上，双腿并拢（图4－8）。

图4－8　俯卧髋关节主动伸展筛查预备姿势

（2）保持双腿伸直，并主动抬起右腿（或左腿）至最大限度，其他部位的姿势保持不变（图4－9）。完成后恢复至预备姿势，换另一侧进行筛查。

图4－9　俯卧髋关节主动伸展筛查方法

3. 筛查结果的判定

如果抬起的腿与地面的夹角小于15°，则筛查结果为“不合格，有损伤风险”；如果抬起的腿与地面的夹角大于等于15°且小于30°，则筛查结果为“合格”；如果抬起的腿与地面的夹角大于等于30°，则筛查结果为“优秀”；如果两侧的腿抬起角度相差明显（超过5°），则不论单侧腿的筛查结果如何，总体筛查结果均为“不合格，有损伤风险”。如果在完成筛查动作的过程中出现疼痛，则说明存在损伤风险。

四、俯卧屈膝髋关节内旋筛查

1. 筛查目的

俯卧屈膝髋关节内旋筛查，可以用于评估髋关节内旋时髋关节外旋肌的柔韧性，同时观察左右两侧是否存在不对称的情况。

2. 筛查方法

（1）俯卧在垫子上，确保从头到脚完全接触垫子，双臂自然摆放在身体两侧，双手掌心朝上，双膝屈曲 90°（图 4－10）。

图 4－10　俯卧屈膝髋关节内旋筛查预备姿势

（2）保持双膝屈曲 90°，双侧小腿同时向外打开（图 4－11）。

图 4－11　俯卧屈膝髋关节内旋筛查方法

3. 筛查结果的判定

如果小腿（单侧或双侧）向外打开的幅度小于 30°，或者双侧小腿向外打开的幅度相差明显（超过5°），则筛查结果为“不合格，有损伤风险”；如果小腿（单侧或双侧）向外打开的幅度大于等于 30°，且双侧小腿向外打开的幅相差不明显（不超过 5°），则筛查结果为“合格”。如果在完成筛查动作的过程中出现疼痛，则说明存在损伤风险。

五、髋关节铰链动作筛查

1. 筛查重点

髋关节铰链动作筛查主要查看：膝关节和脚尖的方向是否不一致（是否发生膝关节内扣）；小腿是否明显向前倾斜；骨盆是否发生明显倾斜；躯干是否无法保持挺直，或者长杆是否无法保持位于背部中轴线处且上部和下部分别紧贴枕骨和骶骨。

2. 筛查方法

（1）身体呈站姿，双脚距离与髋同宽，双手分别于颈后和下腰背持长杆并将其置于背部中轴线处，同时确保长杆的上部紧贴枕骨、下部紧贴骶骨（图 4－12）。

（2）保持双腿小腿垂直于地面，然后向后顶髋（双膝屈曲约 30°，髋关节屈曲约 90°）（图 4－13）。

图 4－12　髋关节铰链动作筛查预备姿势

图 4－13　髋关节铰链动作筛查方法

3. 筛查结果的判定

在筛查过程中，如果出现膝关节和脚尖的方向不一致（膝关节内扣），小腿明显向前倾斜，骨盆发生明显倾斜，躯干无法保持挺直，长杆无法保持位于背部中轴线处且上部和下部分别紧贴枕骨和骶骨等任何一种情况，则筛查结果为“不合格，有损伤风险”。

第五章　膝关节解剖学结构及功能

膝关节是人体最大且最复杂的关节，它包括3块骨骼（股骨下端、胫骨上端和髌骨），2个运动自由度，3个互相关节（内侧股胫关节、外侧股胫关节和股髌关节）的面，这三个互相关节的面均围在同一个关节囊内。膝关节之所以能活动自如又不会发生脱位，主要是前、后十字韧带、内侧韧带、外侧韧带、关节囊及附着于关节附近的肌腱提供了关节稳定性。此外，关节中间内外侧各有一块重要的半月板，半月板除了可以吸收部分关节承受的负重外，亦可增加关节的稳定性。

第一节　膝关节骨骼解剖学结构

1. 股骨

股骨为长骨，构成大腿的骨架。股骨是人体最长的骨，分一体两端。近端的股骨头参与构成髋关节；远端和髌骨、胫骨一起构成了膝关节，如图5－1所示。股骨远端为许多小腿肌肉的附着点。

2. 胫骨

胫骨位于小腿内侧，是较粗大的长骨，分一体两端。由股骨远侧端向左右膨大，前后呈弓曲状，粗糙隆突，形成的内、外侧髁，在体表可以摸到。内、外侧髁上面各有上关节面，分别与股骨内、外侧髁相关节。内、外侧髁前面、下面、后面均为光滑关节面，形成髌骨面，与髌骨相接。胫骨体呈三棱形，较锐的前缘和平滑的内侧面直接位于皮下，外侧缘有小腿骨间膜附着，称为骨间缘。

3. 髌骨

髌骨又称为膝盖骨，为小型的盘状骨，是位于膝关节囊上的一块人体最大的籽骨，并于股骨髁前下分的鞍状关节面（滑车面）相关节。髌骨的关节面有一明显的纵嵴将其分为内侧和外侧关节面。关节面的形态有相当大的变异，而且骨的形状并不一定与关节软骨面一致。髌骨的作用主要体现在以下几方面：通过增加与运动轴的距离（力臂距离）来增强股四头肌的杠杆作用和力矩；当屈膝时，提供股骨髁远侧关节面的骨性保护；减少对股骨髁的压力和分散股骨髁上的力；在抗阻深度屈膝时，防止对股四头肌腱损伤性压力（股四头肌腱能抗大的张力，但不能抗压力或摩擦力）。

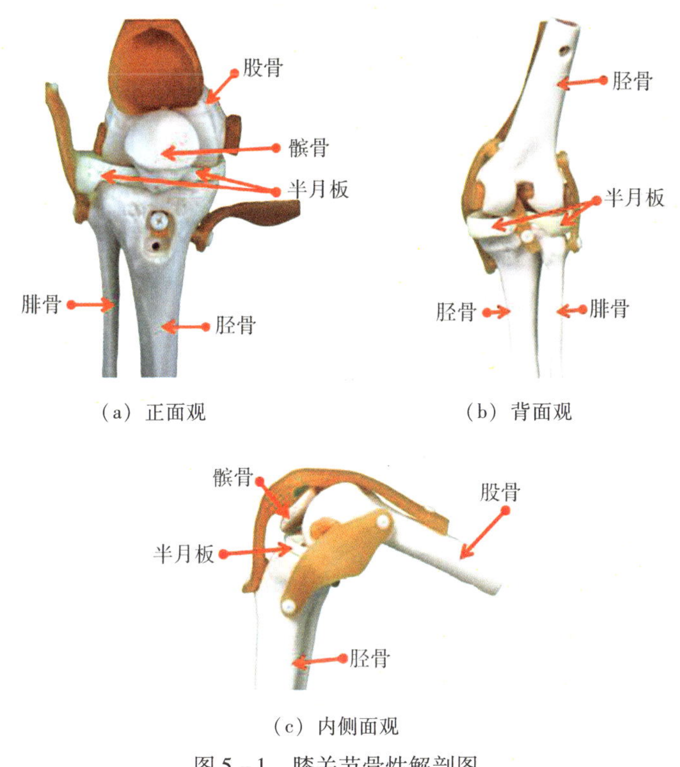

（a）正面观　（b）背面观

（c）内侧面观

图 5－1　膝关节骨性解剖图

第二节　膝关节关节解剖学结构

膝关节是由股胫关节和股髌关节构成的椭圆屈戍关节。

1. 股胫关节

股胫关节由股骨和胫骨相应的内、外侧髁关节面构成椭圆关节。股胫关节以一个不寻常的方式达到它们最大的稳定性和具有两个自由度的运动。股骨的内、外侧髁纵向和横向均凸起。前方它们与髌面相连，后方和远侧被髁间窝分开。股骨内、外侧髁与较小的胫骨髁相关节；胫骨髁稍凹（胫骨外侧髁前后方向也凸起）。胫骨的髁间隆起和楔形的内、外侧半月板（半月形的软骨）稍增加了关节的适应性。股骨髁的纵向关节面相当于胫骨髁关节面长度的两倍。如此，膝关节的屈伸运动并不是纯的屈戍运动。髁是进行滚动和滑动两种运动，这两种运动之间的比，随运动的范围不同而变化。在开始屈膝时以滚动为主，在屈膝的终末时则有更多的滑动。因为股骨外侧髁关节面的长度大于内侧髁，所以两髁的运动也不同。

2. 股髌关节

股髌关节由股骨的髌面和髌骨关节面构成屈戌关节，如图5-2所示。髌骨的背面中间有一个嵴，将髌骨分为外侧面及内侧面。髌骨的第三个面是位于髌骨最内侧的面，这一表面被透明软骨覆盖，与股骨远端的髌面（滑车沟）构成了股髌关节，这是人体中最厚的一块软骨。

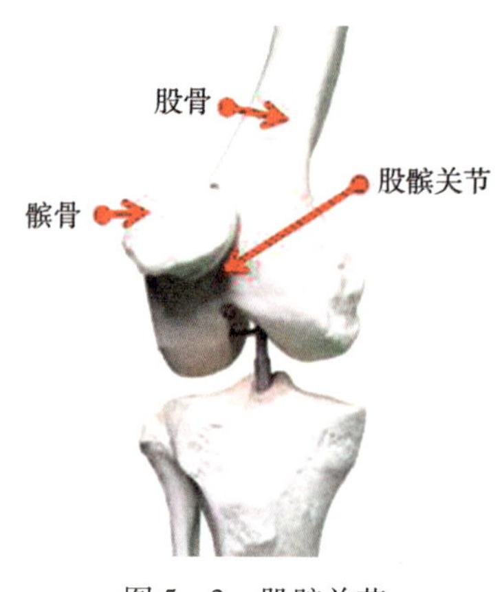

图5-2 股髌关节

第三节 膝关节韧带解剖学结构

1. 前、后交叉韧带

膝关节前、后交叉韧带位于关节腔内，分别附着于股骨内、外侧髁与胫骨髁间隆起的前后方，主要防止股骨和胫骨前后移位。前、后交叉韧带从侧面和前面看是交叉的，因而得名。但从上面看它们是平行的。虽然交叉韧带与关节囊紧密相关，但它们并不是关节囊内结构，而是囊外结构。在整个膝关节的屈伸运动中，交叉韧带并非全部同时紧张，它们始终保持相对恒定的长度，而产生髁面的滑动。

2. 腓侧副韧带

膝关节腓侧副韧带位于膝关节外侧稍后方，起于股骨外侧髁，止于腓骨小头。其主要作用是从外侧加固和限制膝关节过伸。

3. 胫侧副韧带

膝关节胫侧副韧带位于膝关节的内侧偏后方，起于股骨内侧髁，止于胫骨内侧髁。其主要作用是从内侧加固和限制膝关节过伸。

4. 髌韧带

膝关节髌韧带位于膝关节的前方，为股四头肌腱延续部分，起于髌骨，止于胫骨粗隆。其主要作用是从前方加固和限制膝关节过度屈。

第四节　膝关节的辅助结构

1. 半月板

膝关节半月板由2个纤维软骨板构成，垫在胫骨内、外侧髁关节面上，半月板外缘厚，内缘薄。内侧半月板呈C字形，前端窄，后部宽，外缘中部与关节囊纤维层和胫侧副韧带相连。外侧半月板呈O字形，外缘的后部与腘绳肌腱相连，如图5-3所示。半月板有助于加深关节窝，缓冲震动和保护膝关节的功能。

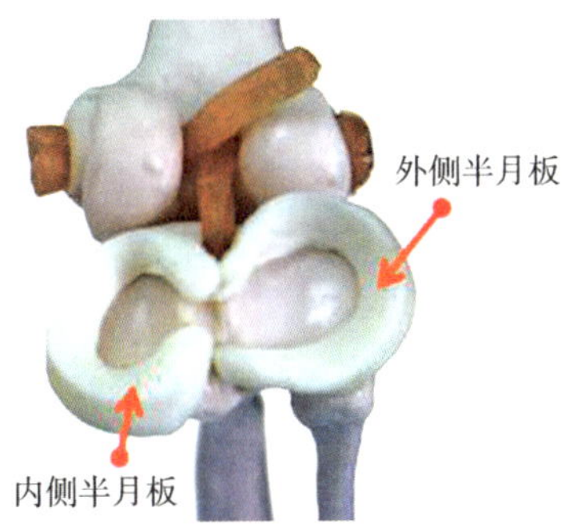

图5-3　膝关节前面观

2. 翼状襞

膝关节翼状襞在关节腔内，位于髌骨下方的两侧，为含有脂肪的皱襞，填充关节腔。其作用主要是增大关节稳固性，有缓冲震动的功能。

3. 滑膜与滑膜囊

膝关节的内侧面衬有的滑膜是人体最宽阔、最复杂。滑膜附着于该关节各骨的关节面周缘，覆盖关节内除了关节软骨和半月板以外的所有结构。膝关节的滑膜囊众多，有髌上囊、髌前囊、髌下浅囊、髌下深囊等。髌上囊和髌下深囊位于股四头肌腱与骨面之间，具有减少腱与骨面之间相互摩擦的功能。

第六章　膝关节常见伤病及功能筛查

第一节　膝关节损伤的常见类型

膝关节损伤的类型很多，常见的有髂胫束摩擦综合征，内侧、外侧半月板损伤，髌骨软化，髌腱炎和股四头肌肌腱炎等。

1. 髂胫束摩擦综合征

髂胫束与股骨外上髁反复摩擦引起炎症，从而导致的膝关节外侧疼痛，被称为髂胫束摩擦综合征，如图 6－1 所示。

产生髂胫束摩擦综合征的主要原因包括长期跑步或自行车运动中髂胫束与股骨外上髁反复摩擦，阔筋膜张肌紧张，臀中肌力量不足，膝关节炎等。

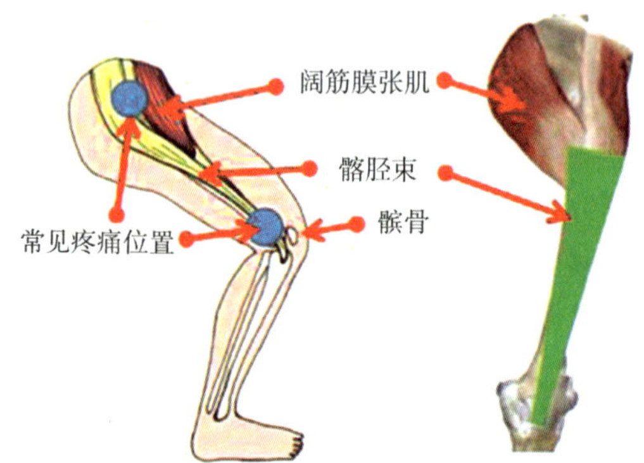

图 6－1　髂胫束摩擦综合征

2. 内侧、外侧半月板损伤

半月板损伤是膝部最常见的损伤之一，多见于青壮年，男性多于女性，可由于外伤引起，也可以由退变引起。内侧半月板损伤较外侧半月板损伤多约 3～4 倍。

产生内侧半月板损伤的主要原因包括急速变向或转动过程中膝关节发生扭转，下肢过度承重且旋前，膝关节受到碰撞等。

3. 髌骨软化

髌骨软化症发生，是由于股髌关节的生物力学关系发生紊乱造成的，髌骨向外侧倾或者半脱位，导致髌骨内侧面的软骨撞击股骨外髁滑车，引起关节外侧间隙软骨过度磨损，软骨细胞脱落，骨质增生，关节间隙狭窄等一系列病理变化，出现各种临床症状，如膝关节前侧疼痛，久坐起立或下楼、下坡时疼痛加重，常有腿打软，关节怕凉，或膝关节反复肿胀、积液等。

产生髌骨软化的主要原因除了解剖学结构异常、关节长期磨损、营养不良以及疾病、医源性因素和退行性因素以外，常可因长期超负荷运动、直接外伤、肥胖以及走、跑等运动姿势不正确诱导髌骨软化症的出现。

4. 髌腱炎

髌腱炎又称跳跃者膝盖，常见于经常进行跳跃类或变向运动（如篮球、田径、排球等）的运动员中，主要有反复伸膝使膝关节过度承重造成。运动过量或者运动不当引起的膝盖髌腱炎，又称髌腱末端病。

产生髌腱炎的主要原因包括下肢过度承重且旋前，患有下交叉综合征，核心稳定性不足，跳跃类运动中反复伸膝等。

5. 股四头肌肌腱炎

股四头肌肌腱炎是一种较为常见的肌肉炎症，属于无菌性炎症反应，主要是由肌肉被施加过度的应力所导致。

产生股四头肌肌腱炎的主要原因包括股四头肌过度使用，下肢过度承重且旋前、核心稳定性不足，既往损伤未完全康复时进行运动等。

第二节 膝关节损伤的关节活动度简易风险筛查

针对体能训练中膝关节常见损伤的关节活动度筛查除了主动直腿上抬筛查、俯卧髋关节主动伸展筛查、俯卧屈膝髋关节内旋筛查（见腰部损伤的关节活动度简易风险筛查方法）等方法外，还经常采用俯卧小腿屈膝上抬筛查。下面将详细介绍卧小腿屈膝上抬筛查的方法。

1. 筛查目的

俯卧小腿屈膝上抬筛查，可以用于评估踝关节屈曲时股直肌的柔韧性，同时观察左右两侧是否存在不对称的情况。

2. 筛查方法

（1）俯卧在垫子上，确保从头到脚完全接触垫子，双臂自然摆放在身体两侧，双手掌心朝上，双腿并拢（图6－2）。

图6－2 俯卧小腿屈膝上抬筛查预备姿势

（2）保持膝关节以上部位紧贴地面，左腿小腿向上抬起并向大腿方向移动至最大限度（图6－3）。完成后，恢复至预备姿势，换另一侧进行筛查。

图6－3 俯卧小腿屈膝上抬筛查方法

3. 筛查结果的判定

如果抬起的小腿与大腿的夹角大于60°，则筛查结果为“不合格，有损伤风险”；如果抬起的小腿与大腿的夹角大于等于30°且小于等于60°，则筛查结果为“合格”；如果抬起的小腿与大腿的夹角小于30°，则筛查结果为“优秀”；如果两侧小腿抬起的角度相差明显（超过10°），则不论单侧小腿的筛查结果如何，总体筛查结果为“不合格，有损伤风险”。如果在完成筛查动作的过程中出现疼痛，则说明存在损伤风险。

第三节 膝关节功能动作简易筛查

一、深蹲动作筛查

1. 筛查重点

深蹲动作筛查主要查看：下蹲幅度是否太小（臀部位置是否高于膝关节位置）；膝关节和脚尖的方向是否不一致（是否发生膝关节内扣或外移）；躯干是否无法保持挺直（是否发生圆肩或弓背）；躯干是否出现过度前倾（正常情况下，躯干应大致与小腿平行）、侧倾、过于直立（前倾幅度太小）或旋转。

2. 筛查方法

（1）身体呈站姿，双脚分开与肩同宽或略大于肩宽，双手以肩同宽握一横杆，双臂向上伸直举过头顶，双手掌心朝前，双膝与双脚脚尖朝向正前方（图6－4）。

（2）屈髋、屈膝，尽可能地向下蹲（图6－5）。

图 6-4 深蹲动作筛查预备姿势

图 6-5 深蹲动作筛查方法

3. 筛查结果的判定

在筛查过程中，如果出现下蹲幅度太小（臀部位置高于膝关节位置），膝关节和脚尖的方向不一致（膝关节内扣或外移），躯干无法保持挺直（圆肩或弓背），躯干出现过度前倾、侧倾、过于直立、旋转等任何一种情况，则筛查结果为“不合格，有损伤风险”。

二、弓箭步动作筛查

1. 筛查重点

弓箭步动作筛查主要查看：膝关节和脚尖的方向是否不一致（是否发生膝关节内扣）；骨盆是否发生明显倾斜；躯干是否无法保持挺直（是否前倾、侧倾、后仰或旋转）。

2. 筛查方法

（1）身体呈站姿，双手扶腰（图 6-6）。

图 6-6 弓箭步动作筛查预备姿势

图 6-7 弓箭步动作筛查方法

（2）保持躯干直立，左腿向前迈出一步，同时屈髋、屈膝约 90°下蹲，右腿的膝关节不接触地面，双膝与双脚脚尖朝向正前方（图 6-7）。完成后，恢复至预备姿势，换另一侧进行筛查。

3. 筛查结果的判定

在筛查过程中，如果出现膝关节和脚尖的方向不一致（膝关节内扣），骨盆明显倾斜，躯干无法保持挺直（前倾、侧倾、后仰或旋转）等任何一种情况，则筛查结果为“不合格，有损伤风险”。

三、单腿上台阶动作筛查

1. 筛查重点

单腿上台阶动作筛查主要查看：膝关节和脚尖的方向是否不一致（是否发生膝关节内扣）；是否发生圆肩；躯干是否发生明显倾斜。

2. 筛查方法

（1）面向高度为 30～40 cm 的跳箱（或台阶）呈直立站姿，然后一只脚踏上跳箱，保持膝关节与脚尖朝向正前方（图 6－8）。

图 6－8　单腿上台阶动作筛查预备姿势

图 6－9　单腿上台阶动作筛查方法

（2）踏上跳箱的脚所在侧的下肢发力，站上跳箱（图 6－9）。完成后，恢复至初始姿势，换另一侧进行筛查。

3. 筛查结果的判定

在筛查过程中，如果出现膝关节和脚尖的方向不一致（膝关节内扣），圆肩，躯干明显倾斜等任何一种情况，则筛查结果为“不合格，有损伤风险”。

四、落地缓冲动作筛查

1. 筛查重点

落地缓冲动作筛查，主要查看：膝关节和脚尖的方向是否不一致（是否发生膝关节内扣）；双脚的落地姿势是否有明显差异；落地是否明显不稳；缓冲质量是否不佳（髋关节、膝关节和踝关节是否同步屈曲）；重心降低的过程是否不流畅；落地的声音是否较重。

2. 筛查方法

（1）身体呈站姿站立于跳箱上（图6－10）。

（2）从跳箱向地面跳跃，落地时屈髋、屈膝积极缓冲（图6－11）。

图6－10　落地缓冲动作筛查预备姿势

图6－11　落地缓冲动作筛查方法

3. 筛查结果的判定

在筛查过程中，如果出现膝关节和脚尖的方向不一致（膝关节内扣），双脚的落地姿势有明显差异，落地明显不稳，缓冲质量不佳（髋关节、膝关节和踝关节未能同步屈曲），重心降低的过程不流畅，落地的声音较重等任何一种情况，则筛查结果为“不合格，有损伤风险”。

五、动作控制筛查

1. 筛查重点

动作控制筛查主要查看：身体是否出现剧烈晃动，完全无法维持身体姿势；实现闭眼控制的时间是否过短（小于10 s）。

2. 筛查方法

身体呈站姿双脚并拢，双臂伸直向两侧平举，闭上双眼；随后左腿上抬至髋关节与膝关节均呈90°角，右腿保持伸直支撑身体，保持该姿势尽可能长的时间（图6－12）。完成后，换对侧重复上述动作。

图 6－12　动作控制筛查方法

3. 筛查结果的判定

在筛查过程中，如果出现身体剧烈晃动，完全无法维持身体姿势，实现闭眼控制的时间过短（小于 10 s）等任何一种情况，则筛查结果为“不合格，有损伤风险”。

第七章　踝关节解剖学结构及功能

第一节　踝关节骨骼解剖学结构

踝关节（图 7－1）由胫骨下端、腓骨下端与距骨组成，踝穴容纳距骨体。

1. 胫骨下端

胫骨下端形成内踝，内踝顶端分成两个钝性突起（前丘前结节、后丘后结节），有内侧副韧带附着，其后侧有一沟，胫后肌腱由此经过。

2. 腓骨下端

腓骨下端稍膨大，叫外踝，其内面有呈三角形的关节面，和胫骨下端的关节面共同构成关节窝，与距骨相关节。

3. 距骨

距骨分为头、颈、体三部分，与足舟骨、跟骨、胫骨和腓骨形成关节。距骨体前宽后窄，踝背屈时距骨体较宽处入踝穴，踝跖屈时距骨体较窄处出踝穴。

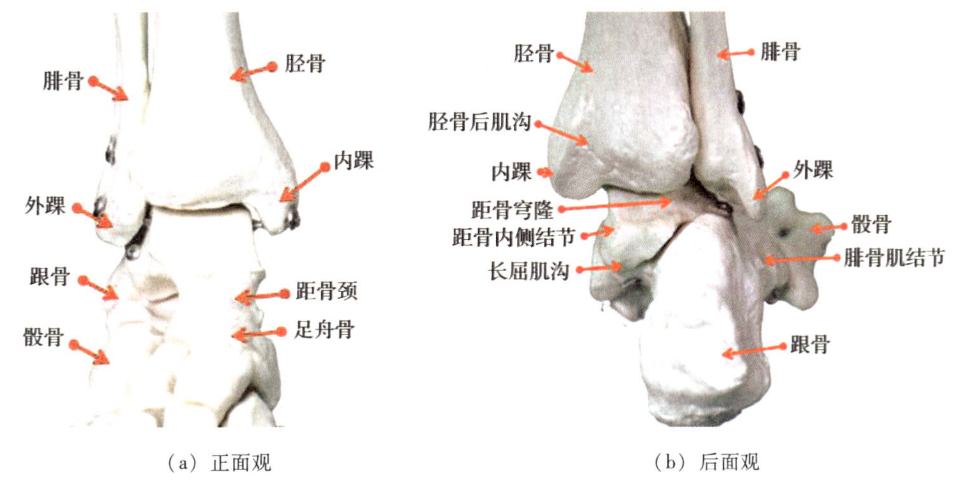

（a）正面观　　（b）后面观

图 7－1　踝关节结构图

第二节　踝关节关节解剖学结构

踝关节由胫骨、腓骨下端的关节面与距骨滑车构成，故又名距骨小腿关节。

踝关节的骨关节与组成如下：

1. 关节窝

关节窝呈叉状（又称踝穴），由胫骨下关节面、内踝关节面及腓骨外踝关节面共同围成。

2. 关节头

关节头由距骨体上关节面和距骨两侧的关节面所组成，关节面的形状为滑车状。

第三节　踝关节韧带解剖学结构及其功能

踝关节的韧带结构对维持踝关节的稳定性起着至关重要的作用。

1. 内侧副韧带

内侧副韧带又名三角韧带，包括胫距前韧带、胫舟韧带、胫跟韧带和胫距后韧带。内侧副韧带的特点是强而有力，其主要作用是限制足过度外翻，对抗距骨外旋应力，跖屈时牵拉距骨内旋（深层），对抗后足外翻应力（浅层）。胫距前韧带位于舟胫韧带的深层，是由内踝至距骨颈的纤维束，位于距骨颈后部。胫舟韧带位于内侧副韧带的前方，是连结内踝与舟骨内上方的纤维束。胫跟韧带位于内侧副韧带的后方，是连结后踝与跟骨内上方的纤维束；胫距后韧带是内侧副韧带的纤维，由内踝至距骨后内侧的纤维束组成，相当于外侧之距腓后韧带。

2. 外侧副韧带

外侧副韧带包括距腓前韧带、距腓后韧带、跟腓韧带。距腓前韧带在踝关节跖屈位，可限制足内翻活动；在踝关节中立位时，防止距骨向前移位。距腓后韧带可限制踝关节过度背伸活动。跟腓韧带在踝关节中位，限制足内翻活动。

3. 下胫腓韧带

下胫腓韧带可分为胫腓前韧带、骨间韧带、下胫腓后韧带、下胫腓横韧带。其中骨间韧带是骨间膜的延续，最为坚固。下胫腓韧带也有维持关节稳定的作用。

第四节　踝关节的运动肌肉及其功能特征

1. 使踝关节运动的肌肉

（1）跖屈：踝关节与跖屈有关的肌肉有小腿三头肌、拇长屈肌、趾长屈肌、胫骨后肌、腓骨长肌和腓骨短肌等。

（2）背伸：踝关节与背伸有关的肌肉有胫骨前肌、拇长伸肌、趾长伸肌和第三腓骨肌等。

（3）内翻：踝关节与内翻有关的肌肉有拇长屈肌、趾长屈肌、胫骨后肌和胫骨前肌。

（4）外翻：踝关节与外翻有关的肌肉有趾长伸肌、第三腓骨肌、腓骨长肌和腓骨短肌等。

2. 踝关节运动肌群的功能特征

踝关节肌在工作时，具有与其功能相适应的特征。例如：跖屈肌所做的功远大于背伸肌；跖屈肌有对抗踝背伸与足外翻的作用；腓骨长肌腱和胫骨前肌腱在足底部共同形成“腱环”，维持足横弓。

第五节　踝关节的附属结构

1. 深筋膜

深筋膜的主要作用是形成支持带、跖腱膜等。

（1）支持带：是深筋膜增厚所形成的，又称假性韧带，主要起约束肌腱的作用。

（2）跖腱膜：为足底深筋膜在足底中间部增厚形成。跖筋膜似一弓弦，人在直立或负重时弓弦就绷紧，对维持足弓起着重要的作用。跖腱膜作为足弓的弓弦，是足弓维持与保护的重要组织。

2. 腱鞘与滑膜囊

（1）腱鞘：分布于踝部前部、前内侧部、前外侧部、后部。前部腱鞘包括胫前肌腱鞘、拇伸长肌腱鞘及趾伸长肌腱鞘；前内侧腱鞘包括胫后肌腱鞘、屈拇长肌及屈趾长肌腱鞘；后部的腱鞘为跟腱鞘。

（2）滑膜囊：足部较大的滑膜囊包括跟骨皮下滑膜囊、跟腱滑膜囊，其他还包括外踝皮下囊、内踝皮下囊、胫骨前肌腱下囊等。跟骨皮下滑膜囊在跟骨后面和跟腱的浅面。跟腱滑膜囊位于跟腱止端和跟骨后面上部之间。在日常生活中，鞋履不平整产生摩擦时，可导致皮下滑囊引发炎症。运动训练中如果过度训练也可导致慢性滑囊炎的发生。

第八章　踝关节常见伤病及功能筛查

第一节　踝关节损伤的常见类型

一、软骨损伤

1. 软骨软化

长期运动常会导致关节软骨过度磨损，软骨细胞脱落，骨质增生，关节间隙狭窄等一系列病理变化。核磁共振成像（Magnetic Resonance Imaging，MRI）会显示软骨信号层次变模糊，其内呈斑片状或囊状异常信号，T1W1 呈低信号，STIR 呈高信号；严重时软骨全层不同程度缺损，软骨下骨质明显增生、硬化。

2. 骨软骨损伤

踝关节骨软骨损伤易发生于距骨前外侧、后内侧，尤其是后内侧，与内翻损伤相关。MRI 表现为软骨下骨质内斑片状或囊状 T1W1 低信号、STRI 高信号影像，有时候会伴有小骨软骨碎片的分离、移位等。

3. 距骨穹顶的骨软骨损伤

距骨穹顶的软骨损伤常可出现间歇性的交锁症状，并伴有踝关节深层内侧关节间隙的疼痛，表现为持续的踝关节肿胀和踝关节背屈的丧失。

二、肌腱、韧带损伤

1. 关节扭伤

踝关节扭伤是最常见的运动损伤疾病，扭伤后可伴随有多种伤情的发生，包括韧带损伤或断裂、骨折脱位，关节软骨损伤、肌腱损伤或断裂等，如图 8 -1 所示。通常所说的扭伤是指韧带损伤或断裂，其中以踝关节外侧韧带损伤为主，内侧韧带损伤较少见。

(a) 正常关节

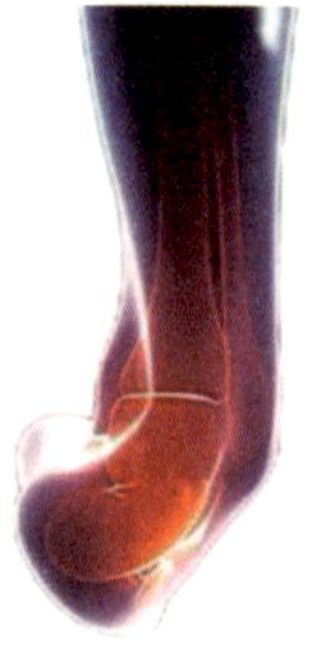
(b) 扭伤关节

图 8－1 踝关节扭伤

常见的损伤原因是踝关节向内翻转，同时足向内旋转扭伤，距腓前韧带最先断裂；如果暴力持续，跟腓韧带会随后断裂。距腓后韧带很少发生断裂。扭伤后外侧肿胀、疼痛，严重时有瘀血，伴随活动受限，甚至不能负重行走。检查可以发现外侧压痛，踝向内翻转时疼痛。

2. 跟腱损伤

跟腱急性损伤常表现为跟腱增粗、肿胀，并附着处信号异常。

3. 韧带撕裂

急性韧带撕裂常可见连续性中断，附着处分离，局部增粗，并伴有韧带内 T2W1 信号升高，提示有水肿或是出血倾向。有时还伴有关节腔积液，临近软组织肿胀，严重者还会出现骨挫伤等。慢性韧带撕裂，常可见继发征象消失，韧带局部增粗或变细，呈波浪状轮廓。韧带撕裂的病理改变还会因不同部位的韧带损伤，呈现不同的病理性改变。

第二节 踝关节损伤的关节功能动作简易筛查

踝关节损伤的检查除了采用的足与踝的站立位、坐位，以及步行周期下的观察与主动、被动测量，测评其损伤后的功能改变外，针对踝关节损伤后的功能灵活性筛查，还可采用踝关节关节活动度测量、前抽屉试验、内翻应力试验等的灵活性筛查。急性损伤可能导致足踝部骨折或骨裂，患者应尽快进行 X 射线检查，必要时进行 MRI 检查。

一、踝关节关节活动度检查

采用关节活动度量角器测量踝关节跖屈、背屈、内翻、外翻等动作的关节活动度受限情况。

1. 踝关节跖屈、背屈关节活动度检查

（1）测量跖屈、背屈时，被测试者取坐位，膝关节屈曲，踝关节处于中立位，量角器置于踝关节内踝外侧，轴心对准腓骨纵轴线与足外缘交叉处，固定臂与腓骨纵轴平行，移动臂与第5跖骨纵轴平行（图8-2）。

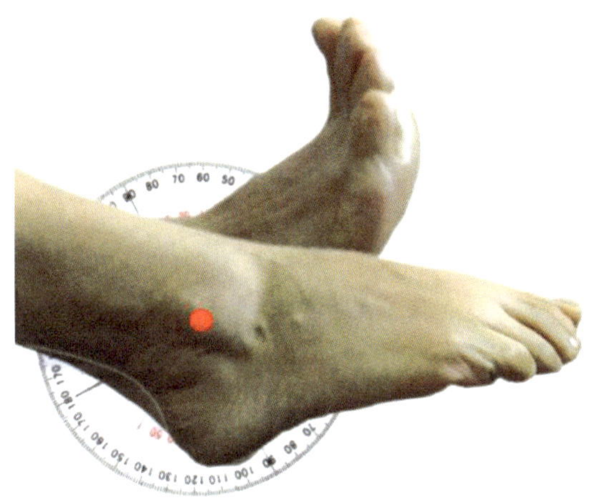

图8-2　踝关节跖屈、背屈关节活动度测量

2. 踝关节内翻、外翻关节活动度检查

测量踝关节内翻、外翻时，被测者取坐位，足位于床沿外。量角器轴心对准足背侧中点，固定臂与小腿背侧中线平行，移动臂与第3跖骨纵轴平行（图8-3）。

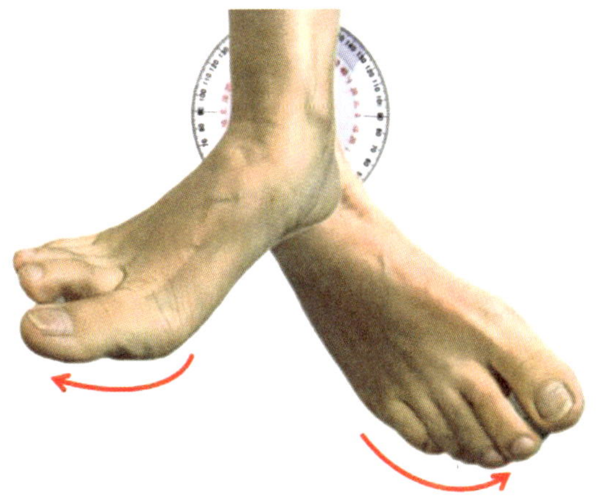

图8-3　踝关节内翻、外翻关节活动度测量

二、踝关节损伤关节活动试验

1. 踝关节前抽屉试验

抽屉试验是临床上常用的踝关节检查方法，检查时患者保持平卧位或坐位，屈膝，

放松三头肌，检查者一手固定受试者小腿远端，另一手握住足跟，向前推足跟，将跟骨与距骨向前推出踝穴，用于检查胫腓前韧带、前关节囊和跟腓韧带的结构完整性。或者一手将患者足部固定在床面上，另一手在小腿远端向后推胫骨，使胫骨从距骨上方向后移位（图 8－4）。移位超过 3 mm 为前抽屉试验阳性，提示距腓前韧带损伤。

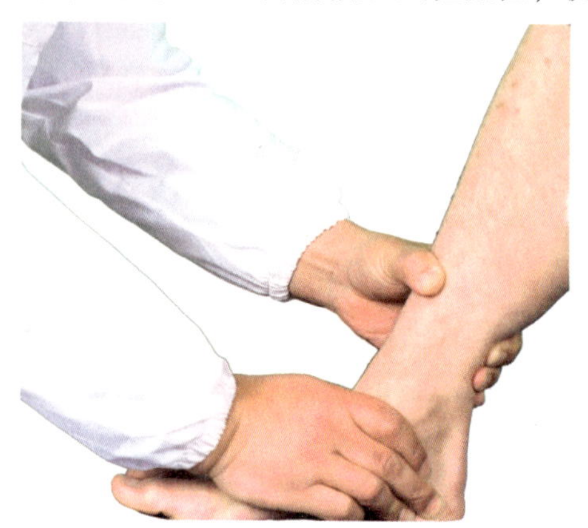

图 8－4 踝关节前抽屉试验

2. 踝关节内翻应力试验

患者取坐位，踝关节跖屈 10°～20°，检查者一手在患者内踝上方固定小腿远端，另一手缓缓内翻足后部，同时触诊距骨外侧（图 8－5）。若超过外侧 10°，提示踝关节外侧结构受损；内翻 15°，提示距腓前韧带受损；内翻 15°～30°，提示距腓前韧带和跟腓韧带同时受损；内翻超过 30°，提示外侧副韧带均受损。

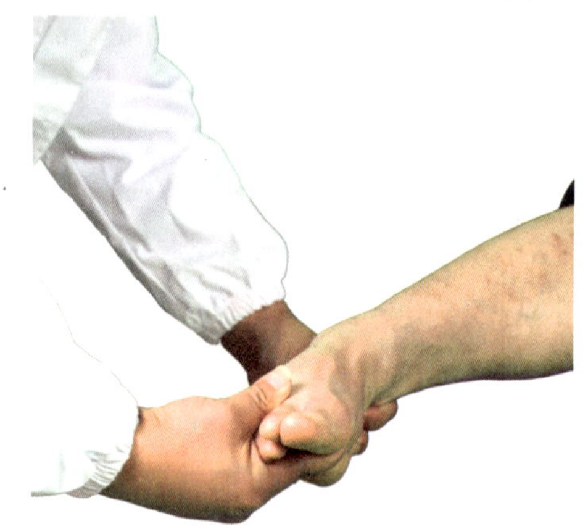

图 8－5 踝关节内翻应力试验

三、跪姿踝关节灵活性筛查

1. 筛查目的

跪姿踝关节灵活性筛查，可以用于评估踝关节背屈的灵活性，同时观察左右两侧是否存在不对称的情况。

2. 筛查方法

（1）身体呈左腿在前、右腿在后的分腿跪姿，左手执一长杆，竖直立于左脚旁边，以帮助保持身体稳定，左膝与左脚尖保持朝向正前方（图 8 - 6）。

图 8 - 6　跪姿踝关节灵活性筛查预备姿势

（2）保持左腿大腿平行于地面，然后向前顶膝，使左腿膝关节超过脚尖尽可能远的距离（图 8 - 7）。完成后，恢复至预备姿势，换另一侧进行筛查。

图 8 - 7　跪姿踝关节灵活性筛查

3. 筛查结果的判定

如果膝关节前端垂线超出同侧脚尖位置小于本人一拳的距离，则筛查结果为“不合格，有损伤风险”；如果膝关节前端垂线超出同侧脚尖位置大于等于本人一拳的距离，则筛查结果为“合格”；如果两侧膝关节前端垂线超出同侧脚尖位置的距离相差明显（超过 3 cm），则不论单侧腿的筛查结果如何，总体筛查结果为“不合格，有损伤风险”。如果在完成筛查动作的过程中出现疼痛，则说明存在损伤风险。

第二部分

常见体能训练伤病的功能康复

人体各系统是相互联系和相互影响与合作的共同体。运动中所有的功能动作都是通过多个关节以运动链的方式协同完成，而人体各区域相互依存、相互影响。体能训练伤病后的功能受限对机体的恢复有着重要的影响，功能训练的终极目标是提升运动表现，促进伤病后的运动功能尽快恢复。

第九章　肩关节损伤的功能康复

体能训练中常出现的肩部关节损伤，以关节周围肌组织疼痛和功能障碍为主，尤其是在损伤急性期后，或者长时间的慢性疼痛等，易诱发筋膜、肌肉和韧带等软组织的形变和粘连，进而影响肌筋膜层间的正常滑动，导致一系列的功能受限。因此，在肩关节损伤出现后，尤其是经过急性期的诊疗和功能筛查后，需要设计并安排有针对性的功能康复训练，以便参训人员更好地促进机能恢复，尽快加入正常的体能训练中。

第一节　肩关节周围损伤软组织功能恢复训练

一、泡沫轴滚压肩关节后侧训练

1. 训练目的

放松肩关节后侧筋膜与肌肉，促进肩关节周围软组织功能恢复。

2. 训练方法

身体呈右侧卧姿势，右腿贴近地面，左腿与右腿并拢，右臂于头前伸直外旋且抬离地面，左手于体前撑地，将泡沫轴置于右侧肩部后侧下方。左手和右腿推地，带动身体前后移动，使泡沫轴在右侧肩部处慢慢来回滚动，并可在有明显酸痛点的位置进行局部反复滚动（图 9 –1）。滚动至规定时间后，换另一侧进行该动作。

图 9 –1　泡沫轴滚压肩关节后侧训练

3. 注意事项

滚压过程中保持身体稳定，呼吸均匀，滚压侧手臂抬离地面。

二、泡沫轴滚压肩关节前侧训练

1. 训练目的

放松胸肌和肩关节前侧筋膜与肌肉，促进肩关节周围软组织功能恢复。

2. 训练方法

身体呈俯卧姿势，右脚、左脚及右臂前臂撑地，左臂于头前伸直且抬离地面，将泡沫轴置于左侧肩部前侧下方。右脚、左脚及右臂前臂推地，带动身体前后移动，使泡沫轴在左侧肩部处慢慢来回滚动，并可在有明显酸痛点的位置进行局部反复滚动（图 9－2）。滚动至规定时间后，换另一侧进行该动作。

图 9－2 泡沫轴滚压肩关节前侧训练

3. 注意事项

滚压过程中保持身体稳定，呼吸均匀，滚压侧手臂抬离地面。

三、泡沫轴滚压肱三头肌训练

1. 训练目的

放松肱三头肌，促进肩关节周围软组织功能恢复。

2. 训练方法

身体呈右侧卧姿势，右腿贴近地面，左腿和右腿并拢，右臂屈肘置于脑后，左手于体前撑地，将泡沫轴置于右侧上臂下方。左手和右腿推地，带动身体前后移动，使泡沫轴在右侧上臂处慢慢来回滚动，并可在有明显酸痛点的位置进行局部反复滚动（图 9－3）。滚动至规定时间后，换另一侧进行该动作。

图 9－3 泡沫轴滚压肱三头肌训练

3. 注意事项

滚压过程中保持身体稳定，呼吸均匀。

四、泡沫轴滚压肱二头肌训练

1. 训练目的

放松肱二头肌，促进肩关节周围软组织功能恢复。

2. 训练方法

身体呈俯卧姿势，右腿、左脚及右臂前臂撑地，左臂于头前伸直且抬离地面，将泡沫轴置于左侧上臂下方。右腿、左脚及右臂前臂推地，带动身体前后移动，使泡沫轴在左侧上臂处慢慢来回滚动，并可在有明显酸痛点的位置进行局部反复滚动（图9－4）。滚动至规定时间后，换另一侧进行该动作。

图9－4　泡沫轴滚压肱二头肌训练

3. 注意事项

按压过程中保持身体稳定，呼吸均匀，滚压测手臂抬离地面。

五、筋膜球按压胸小肌扳机点训练

筋膜球按压胸小肌扳机点训练的方法有两种，方法一如下：

1. 训练目的

放松胸小肌，处理扳机点。

2. 训练方法

身体呈俯卧姿势，双脚脚尖触地，双臂于身体两侧屈肘且前臂撑地，将筋膜球置于左侧胸部（斜上侧靠近腋下的位置）下方。双脚与双臂前臂推地，带动身体前后移动，使筋膜球在左侧胸部处慢慢来回滚动，寻找明显的酸痛点，并可在酸痛点着力滚动（图9－5）。滚动至规定时间后，换另一侧进行该动作。

图9－5　筋膜球按压胸小肌扳机点训练方法一（含筋膜球放置位置示意图）

3. 注意事项

按压过程中保持呼吸均匀；在可承受的范围内利用尽量多的自身重量进行按压，若出现明显的刺痛或不适（非正常的酸痛感），应立即停止训练。

筋膜球按压胸小肌扳机点训练方法二如下：

1. 训练目的

放松胸小肌，处理扳机点。

2. 训练方法

（1）身体呈俯卧姿势，右臂于身侧屈肘且前臂撑地，左臂屈肘 90°，将筋膜球置于左侧胸部（斜上侧靠近腋下的位置）下方（图 9－6）。

图 9－6　筋膜球按压胸小肌扳机点训练方法二预备姿势

（2）双脚与双臂前臂推地，带动身体前后移动左臂缓慢向头前伸直，感受筋膜球在动作过程中对肌肉的按压，并可在有明显酸痛点的部位进一步放慢动作，着力滚动（图 9－7）。缓慢恢复至预备姿势，重复规定次数后，换另一侧进行该动作。

图 9－7　筋膜球按压胸小肌扳机点训练方法二

3. 注意事项

按压过程中保持呼吸均匀；在可承受的范围内利用尽量多的自身重量进行按压，若出现明显的刺痛或不适（非正常的酸痛感），应立即停止训练。

六、筋膜球按压背阔肌扳机点训练

1. 训练目的

放松背阔肌和大圆肌，处理扳机点。

2. 训练方法

身体呈右侧卧姿势，右腿与左脚撑地，右臂于头前伸直外旋且抬离地面，左手于体前撑地，将筋膜球置于右侧上背部边缘（腋窝后壁）的下方。左手、右腿和左脚推地，带动身体前后移动，使筋膜球在右侧上背部边缘慢慢来回滚动，寻找明显的酸痛点，并可在酸痛点着力滚动（图 9－8）。滚动至规定时间后，换另一侧进行该动作。

图 9－8　筋膜球按压背阔肌扳机点训练（含筋膜球放置位置示意图）

3. 注意事项

按压过程中保持呼吸均匀；在可承受的范围内利用尽量多的自身重量进行按压，若出现明显的刺痛或不适（非正常的酸痛感），应立即停止训练。

七、筋膜球按压肩胛骨内侧扳机点训练

1. 训练目的

放松背肩胛骨内侧，处理扳机点。

2. 训练方法

身体呈仰卧姿势，双腿屈膝，双脚分开撑地，双手自然交叠于腹部，将筋膜球置于右侧肩胛骨内侧的下方。双脚推地，带动身体前后移动，使筋膜球在肩胛骨内侧慢慢来回滚动，寻找明显的酸痛点，并可在酸痛点着力滚动（图9－9）。滚动至规定时间后，换另一侧进行该动作。

图9－9　筋膜球按压肩胛骨内侧扳机点训练（含筋膜球放置位置示意图）

3. 注意事项

按压过程中保持呼吸均匀；在可承受的范围内利用尽量多的自身重量进行按压，若出现明显的刺痛或不适（非正常的酸痛感），应立即停止训练。

八、筋膜球按压肩袖扳机点训练

1. 训练目的

放松肩袖肌肉，处理扳机点。

2. 训练方法

身体呈仰卧姿势，双腿屈膝，双脚分开撑地，双手自然交叠于腹部，将筋膜球置于右侧肩部外侧的下方。双脚推地，腰臂部发力，带动身体前后移动，使筋膜球在右侧肩部外侧慢慢来回滚动，寻找明显的酸痛点，并可在酸痛点着力滚动（图9－10）。滚动至规定时间后，换另一侧进行该动作。

图9－10　筋膜球按压肩袖扳机点训练（含筋膜球放置位置示意图）

3. 注意事项

按压过程中保持呼吸均匀；在可承受的范围内利用尽量多的自身重量进行按压，

若出现明显的刺痛或不适（非正常的酸痛感），应立即停止训练。

第二节 肌肉静态拉伸训练

拉伸训练不可或缺，拉伸训练不仅能提升身体的柔韧，预防运动中的受伤，而且可以增强体能训练的效果，特别是伤后的康复静态拉伸训练对于训练中伤病的康复，扩大关节活动度，有效促进肌肉增长、增强肌肉力量等有着重要的作用。操作时，缓慢地将肌肉、肌腱、韧带拉伸，产生一定程度的酸胀痛感，并逐渐拉伸到最大的位置，维持 20～30 s，每块肌肉重复拉伸至少 2 次，3～5 次最佳。

一、胸肌拉伸训练

1. 训练目的

促进恢复胸肌的弹性及初始肌肉长度。

2. 训练方法

（1）身体呈坐姿，躯干挺直，双臂屈肘，双手置于脑后（图 9－11）。

（2）保持身体稳定，双臂向后运动，使肩胛骨向内挤压，直至胸肌有中等程度的拉伸感。保持 20～30 s（图 9－12）。

图 9－11 胸肌拉伸训练预备姿势

图 9－12 胸肌拉伸训练

3. 注意事项

拉伸过程中保持躯干挺直，目视前方。

二、背阔肌拉伸训练

1. 训练目的

促进恢复背阔肌的弹性及初始肌肉长度。

2. 训练方法

身体呈跪坐姿势，向前俯身，左臂向前伸直，右臂向左前方 45°伸直，并从左臂下方穿过，左侧肩部尽量下压，同时臀部尽量保持贴近脚跟，直至背阔肌有中等程度的拉伸感（图 9 - 13）。保持 20 ~ 30 s 后，换另一侧进行该动作。

图 9 - 13　背阔肌拉伸训练

3. 注意事项

拉伸过程中保持背部平直，避免塌腰，耸肩。

三、三角肌拉伸训练

1. 训练目的

促进恢复三角肌的弹性及初始肌肉长度。

2. 训练方法

身体呈坐姿，躯干挺直，右臂水平上抬并向左内收，左臂屈肘上抬并将上臂置于右臂前方。左臂向后发力，直至右臂三角肌有中等程度的拉伸感（图 9 - 14）。保持 20 ~ 30 s后，换另一侧进行该动作。

图 9 - 14　三角肌拉伸训练

3. 注意事项

拉伸过程中保持背部挺直，目视前方。

四、斜方肌拉伸训练

1. 训练目的

促进恢复斜方肌的弹性及初始肌肉长度。

2. 训练方法

（1）身体呈坐姿，躯干挺直，左臂屈肘置于背后，右臂屈肘上抬，且右手放于头部左侧（图 9 - 15）。

（2）右手将头部向右拉，使左侧斜方肌有中等程度的拉伸感（图 9－16）。保持 20～30 s 后，换另一侧进行该动作。

图 9－15 斜方肌拉伸训练预备姿势

图 9－16 斜方肌拉伸训练

3. 注意事项

拉伸过程中保持背部挺直，避免过度用力。

五、胸锁乳突肌拉伸训练

1. 训练目的

促进恢复胸锁乳突肌的弹性及初始肌肉长度。

2. 训练方法

（1）身体呈坐姿，躯干挺直，左手自然置于体前，右手抬起并按压在左侧锁骨上方（图 9－17）。

（2）头部向右侧斜上方上抬，直至左侧胸锁乳突肌有中等程度的拉伸感（可用右手感觉到）（图 9－18）。保持 20～30 s 后，换另一侧进行该动作。

图 9－17 胸锁乳突肌拉伸训练预备姿势

图 9－18 胸锁乳突肌拉伸训练

3. 注意事项

拉伸过程中保持躯干挺直，避免过度用力。

六、肩胛提肌拉伸训练

1. 训练目的

促进恢复肩胛提肌的弹性及初始肌肉长度。

2. 训练方法

（1）身体呈坐姿，躯干挺直，左手自然置于体侧，右臂屈肘上抬且右手扶于脑后（图 9－19）。

（2）右手将头部向右侧斜下方拉，使左侧肩胛提肌有中等程度的拉伸感（图 9－20）。保持 20～30 s 后，换另一侧进行该动作。

图 9－19　肩胛提肌拉伸训练预备姿势

图 9－20　肩胛提肌拉伸训练

3. 注意事项

拉伸过程中保持躯干挺直，避免过度用力。

七、肱三头肌拉伸训练

1. 训练目的

促进恢复肱三头肌的弹性及初始肌肉长度。

2. 训练方法

（1）身体呈坐姿，躯干挺直，右臂屈肘抬起并置于脑后，左臂屈肘上抬并用左手握住右肘（图 9－21）。

（2）左手将右臂向左侧斜下方拉，使右侧肱三头肌有中等程度的拉伸感（图 9－22）。保持 20～30 s 后，换另一侧进行该动作。

图 9－21　肱三头肌拉伸训练预备姿势

图 9－22　肱三头肌拉伸训练

3. 注意事项

拉伸过程中保持躯干挺直，避免过度用力。

八、肱二头肌拉伸训练

1. 训练目的

促进恢复肱二头肌的弹性及初始肌肉长度。

2. 训练方法

（1）身体呈坐姿，躯干挺直，双手交叉置于背后，双臂伸直（图 9－23）。

（2）双臂保持伸直且尽量上抬，使肱二头肌有中等程度的拉伸感。保持 20～30 s（图 9－24）。

图 9－23　肱二头肌拉伸训练预备姿势

图 9－24　肱二头肌拉伸训练

3. 注意事项

拉伸过程中保持躯干挺直，避免过度用力。

第三节　主动灵活性弹力带辅助训练

一、超级训练带拉伸肩部绕环训练

1. 训练目的

增加肩关节周围肌肉组织的弹性和伸展能力。

2. 训练方法

（1）身体呈单腿跪姿，双大腿最大限度地前后分开（左腿在前、右腿在后），躯干前倾。将超级训练带的一端固定在身体前方高处，右臂于耳侧伸直且用右手握住超级训练带的另一端，使超级训练带具有一定张力。此时超级训练带、右臂、躯干及右侧大腿呈一条直线（图 9－25）。

图 9－25 超级训练带拉伸肩部绕环训练预备姿势

（2）保持身体姿势不变，右臂先进行逆时针画圈运动，再进行顺时针画圈运动（图 9－26）。重复规定次数后，换另一侧进行该动作。

图 9－26 超级训练带拉伸肩部绕环训练

3. 注意事项

拉伸过程中保持身体稳定，有控制地完成动作。

二、超级训练带拉伸肩部后缩训练

1. 训练目的

增加肩关节周围肌肉组织的弹性和伸展能力。

2. 训练方法

（1）身体呈单腿跪姿，双大腿最大限度地前后分开（左腿在前、右腿在后），躯干前倾。将超级训练带的一端固定在身体前方高处，右臂于耳侧伸直且用右手握住超级训练带的另一端，使超级训练带具有一定张力。此时超级训练带、右臂、躯干及右侧大腿呈一条直线（图 9－27）。

图 9－27 超级训练带拉伸肩部后缩训练预备姿势

（2）保持身体姿势不变，右臂缓慢向后拉，使肩胛骨向后运动，保持1～2 s（图9－28）。恢复至预备姿势，重复规定次数后，换另一侧进行该动作。

图9－28 超级训练带拉伸肩部后缩训练

3. 注意事项

拉伸过程中保持身体稳定，有控制地完成动作。

第四节 肩胛胸廓关节稳定性辅助训练

一、弹力带水平外展训练

1. 训练目的

强化肩部及上背部肌群，增强肩胛胸廓关节的稳定性。

2. 训练方法

（1）双脚并拢站立，双臂伸直上抬至与地面平行，双手掌心向下，并分别握住弹力带的两端，使弹力带具有一定张力（图9－29）。

（2）保持躯干及下肢稳定，双臂向两侧水平打开至与肩关节呈一条直线，保持1～2 s（图9－30）。恢复至预备姿势，重复规定次数。

图9－29 弹力带水平外展训练预备姿势

图9－30 弹力带水平外展训练

3. 注意事项

动作过程中保持核心收紧、双臂伸直，避免耸肩。

二、弹力带 45°斜向外展训练

1. 训练目的

强化肩部及上背部肌群，增强肩胛胸廓关节的稳定性。

2. 训练方法

（1）双脚并拢站立，左臂伸直上抬至与地面平行，右臂于体前斜向下伸直，双手掌心向下，并分别握住弹力带的两端，使弹力带具有一定张力（图 9－31）。

图 9－31　弹力带 45°斜向外展训练预备姿势

图 9－32　弹力带 45°斜向外展训练

（2）保持躯干及下肢稳定，左臂向斜上方 45°打开，同时右臂向斜下方 45°打开，至双臂呈一条直线，且与躯干在同一平面内，保持 1～2 s（图 9－32）。恢复至预备姿势，重复规定次数后，换另一侧进行该动作。

3. 注意事项

动作过程中保持核心收紧、双臂伸直，避免耸肩。

三、弹力带抗阻 W 字下拉训练

1. 训练目的

强化肩部及上背部肌群，增强肩胛胸廓关节的稳定性。

2. 训练方法

（1）双脚并拢站立，双臂伸直上抬至头部两侧，且与躯干呈 Y 字形，双手掌心向前，并分别握住弹力带的两端，使弹力带具有一定张力（图 9－33）。

（2）保持躯干及下肢稳定不动，双臂屈肘下拉至与躯干呈 W 字形，同时弹力带从身体后侧通过，保持 1～2 s（图 9－34）。恢复至预备姿势，重复规定次数。

图 9－33 弹力带抗阻 W 字下拉训练预备姿势

图 9－34 弹力带抗阻 W 字下拉训练

3. 注意事项

动作过程中保持核心收紧，避免耸肩。

四、弹力带抗阻 Y 字训练

1. 训练目的

激活肩部及肩胛骨周围肌群，增强肩胛胸廓关节的稳定性。

2. 训练方法

（1）双脚并拢站立，双臂于体侧斜向下伸直，双手掌心向后，并分别握住弹力带的两端，使弹力带具有一定张力（图 9－35）。

（2）保持躯干及下肢稳定不动，双臂上抬至头部两侧，且与躯干呈 Y 字形，保持 1～2 s（图 9－36）。恢复至预备姿势，重复规定次数。

图 9－35 弹力带抗阻 Y 字训练预备姿势

图 9－36 弹力带抗阻 Y 字训练

3. 注意事项

动作过程中保持核心收紧，双臂伸直，避免耸肩。

五、弹力带站姿俯身 Y 字训练

1. 训练目的

激活肩部及肩胛骨周围肌群，增强肩胛胸廓关节的稳定性。

2. 训练方法

（1）双脚分开站立且踩住弹力带的中段，双脚距离与肩同宽。双膝微屈，向前俯身45°，同时双臂于体前平行伸直，双手掌心相对且分别握住弹力带的两端，使弹力带具有一定张力（图 9－37）。

（2）保持髋部及下肢稳定不动，肩胛骨向内收紧，然后双臂伸直斜向上举过头顶，且与躯干呈 Y 字形，保持 1～2 s（图 9－38）。恢复至预备姿势，重复规定次数。

图 9－37　弹力带站姿俯身 Y 字训练预备姿势

图 9－38　弹力带站姿俯身 Y 字训练

3. 注意事项

动作过程中保持背部平直。

六、弹力带肩胛骨后缩训练

1. 训练目的

激活肩部及肩胛骨周围肌群，增强肩胛胸廓关节的稳定性。

2. 训练方法

（1）身体正直站立，目视前方。将弹力带中段固定在身体正前方高处，双臂前平举，双手掌心相对且分别握住弹力带的两端保持弹力带具有一定张力（图 9－39）。

（2）保持身体姿势不变，肩胛骨收缩（向内收紧），保持 1～2 s（图 9－40）。恢复至预备姿势，重复规定次数。

图 9－39 弹力带肩胛骨后缩训练预备姿势

图 9－40 弹力带肩胛骨后缩训练

3. 注意事项

动作过程中保持核心收紧，缓慢、有控制地完成动作。

七、弹力带肩胛骨后缩双臂上举训练

1. 训练目的

激活肩部及肩胛骨周围肌群，增强肩胛胸廓关节的稳定性。

2. 训练方法

（1）身体正直站立，目视前方。将弹力带中段固定在身体正前方高处，双臂前平举，双手掌心相对且分别握住弹力带的两端，保持弹力带具有一定的张力（图 9－41）。

图 9－41 弹力带肩胛骨后缩双臂上举训练预备姿势

（2）保持身体姿势不变，肩胛骨收缩（向内收紧），保持 1～2 s，如图 9－42（a）所示。

（3）保持躯干及下肢稳定不动，双臂上举至垂直于地面，保持 1～2 s，如图9－42（b）所示。恢复至预备姿势，重复规定次数。

（a）肩胛骨向内收紧　　（b）双臂上举至垂直于地面

图 9－42 弹力带肩胛骨后缩双臂上举训练

3. 注意事项

动作过程中保持核心收紧，双臂伸直，缓慢、有控制地完成动作。

八、弹力带四点跪姿后顶瑞士球抬臂训练

1. 训练目的

激活肩部及肩胛骨周围肌群，增强肩胛胸廓关节的稳定性。

2. 训练方法

（1）身体呈俯撑跪姿，双脚脚尖抵住墙面，在小腿上方放置一个瑞士球，并通过臀部后顶进行固定，使双膝位于髋关节正下方，双臂于肩关节正下方伸直，且用左手握住弹力带的另一端，使弹力带具有一定张力（图 9－43）。

图 9－43 弹力带四点跪姿后顶瑞士球抬臂训练预备姿势

（2）保持躯干及下肢稳定不动，左臂向身体正前方上抬至与躯干呈一条直线，保持 1～2 s（图 9－44）。恢复至预备姿势，重复规定次数后，换另一侧进行该动作。

图 9－44 弹力带四点跪姿后顶瑞士球抬臂训练

3. 注意事项

动作过程中保持核心收紧，双臂伸直，避免耸肩。

第五节　盂肱关节稳定性壶铃训练

一、仰卧持壶铃转动训练

1. 训练目的

激活肩部肌群，增强盂肱关节稳定性。

2. 训练方法

（1）身体呈仰卧姿势。双腿屈膝，双脚触地，左臂自然置于体侧，右臂向上伸直，右手掌心向前且抓握一只壶铃（底部朝下）（图 9－45）。

图 9－45　仰卧持壶铃转动训练预备姿势

（2）保持右臂伸直、右肩位置固定，右臂缓慢地先向内再向外转动（图 9－46）。交替转动规定次数，换另一侧进行该动作。

（a）先向内转动

（b）再向外转动

图 9－46　仰卧持壶铃转动训练

3. 注意事项

动作过程中保持身体稳定，核心收紧。

二、仰卧持壶铃屈髋训练

1. 训练目的

激活肩部肌群，增强盂肱关节稳定性。

2. 训练方法

(1) 身体呈仰卧姿势。左腿蹬直，右腿屈膝，且右脚触地，左臂自然置于体侧，右臂向上伸直，右手掌心向前且抓握一只壶铃（底部朝下）（图9－47）。

图9－47　仰卧持壶铃屈髋训练预备姿势

(2) 保持上半身及右腿姿势不变，左腿伸直上抬至约与地面垂直，保持1～2 s（图9－48）。恢复至预备姿势，重复规定次数后，换另一侧进行该动作。

图9－48　仰卧持壶铃屈髋训练

3. 注意事项

动作过程中保持身体稳定，核心收紧。

三、跪姿壶铃绕颈训练

1. 训练目的

激活肩部肌群，增强盂肱关节稳定性。

2. 训练方法

(1) 身体呈跪姿。躯干挺直，双手抓握一只壶铃置于胸前，壶铃底朝上（图9－49）。

图9－49　跪姿壶铃绕颈训练预备姿势

（2）双手上举壶铃，并逆时针围绕头部运动（图9－50）。一组完成后，双手上举壶铃反向（顺时针）围绕头部运动。顺逆时针交替完成规定的次数。

（a） （b）

（c） （d）

图9－50 跪姿壶铃绕颈训练

3. 注意事项

动作过程中保持身体躯干及下肢稳定，避免耸肩。

四、反握壶铃上举训练

1. 训练目的

激活肩部肌群，增强盂肱关节稳定性。

2. 训练方法

（1）身体呈跪姿。躯干挺直，左臂自然置于体侧，右臂向上屈肘至与地面垂直，右手（掌心向左）抓握一只壶铃且壶铃底朝上（图9－51）。

（2）保持肩部稳定，有控制地向上伸直右臂至上臂贴近头部，保持1～2 s（图9－52）。恢复至预备姿势，重复规定的次数后，换另一侧进行该动作。

图 9－51　反握壶铃上举训练预备姿势

图 9－52　反握壶铃上举训练

3. 注意事项

动作过程中保持身体稳定，避免耸肩。

五、单腿跪姿单臂举壶铃躯干旋转训练

1. 训练目的

激活肩部肌群，增强盂肱关节稳定性。

2. 训练方法

（1）身体呈单腿跪姿，左腿屈膝跪地，右腿向左腿右前方约 45°屈膝 90°。然后躯干向右旋转，左臂于左腿正前方伸直，左手撑地，右臂垂直向上伸直，右手掌心向后抓握一只壶铃（底部朝下），双臂与肩关节呈一条直线，双眼看向壶铃（图 9－53）。

图 9－53　单腿跪姿单臂举壶铃躯干旋转训练预备姿势

（2）保持下肢稳定，左臂屈肘，躯干下压至最大限度，保持 1～2 s（图 9－54）。恢复至预备姿势，重复规定次数后，换另一侧进行该动作。

图 9 - 54　单腿跪姿单臂举壶铃躯干旋转训练

3. 注意事项

动作过程中保持双眼看向壶铃，举壶铃侧手臂伸直。

第十章　上肢功能力量训练

肩关节的活动是通过肩部与上肢肌肉相互之间的精细协作共同完成的，因此，上肢肌肉的力量在肩关节常见运动训练伤病功能康复训练方面有着重要的作用。上肢肌肉与肩关节肌肉的解剖学结构决定了上肢功能力量训练能有效促进肩关节常见运动损伤的康复。在进行上肢功能力量训练时，应以动作质量为核心，逐渐增加训练强度和难度，同时关注向心收缩和离心收缩过程。一般来说，向心收缩与离心收缩的时程控制在大致相同的比例即可。

第一节　自身上肢功能力量训练

一、俯卧撑训练

1　训练目的

强化上肢和核心的力量，增加肩关节肌肉和上肢肌肉力量。

2. 训练方法

(1) 身体呈俯撑姿势，双腿并拢伸直，双臂于肩关节正下方伸直，双手和双脚脚尖撑地，从头部到脚踝呈一条直线（图 10－1）。

图 10－1　俯卧撑训练预备姿势

(2) 收紧腹部，屈肘，降低身体至胸部几乎碰到地面，保持 1 ~2 s（图 10－2）。恢复至预备姿势，重复规定次数。

图 10 - 2　俯卧撑训练

3. 注意事项

动作过程中保持头部到脚踝呈一条直线，避免拱背或塌腰。若无法标准地完成动作，可退阶进行跪姿俯卧撑训练或上斜俯卧撑训练（即将双手撑在椅子上或跳箱等物体上做俯卧撑）。

二、T 形俯卧撑训练

1. 训练目的

强化上肢和核心的力量，增加肩关节肌肉和上肢肌肉力量。

2. 训练方法

（1）身体呈俯撑姿势，双腿并拢伸直，双臂于肩关节正下方伸直，双手和双脚脚尖撑地，从头部到脚踝呈一条直线（图 10 - 3）。

图 10 - 3　T 形俯卧撑训练预备姿势

（2）收紧腹部，屈肘，降低身体至胸部几乎碰到地面，保持 1 ~ 2 s，如图 10 - 4（a）所示。

（3）双臂伸直上推，恢复至预备姿势，如图 10 - 4（b）所示。

（4）左臂向左上方打开，同时躯干向左旋转，至双臂呈一条直线，保持 1 ~ 2 s，如图 10 - 4（c）所示。恢复至预备姿势，重复规定次数后，换另一侧进行该动作。

（a）降低身体

（b）恢复至预备姿势

（c）左臂向左上方打开，躯干向左旋转

图 10－4　T 形俯卧撑训练

3. 注意事项

动作过程中保持头部至脚踝呈一条直线，避免拱背或塌腰。

三、半倒立俯卧撑训练

1. 训练目的

强化上肢和核心的力量，增加肩关节肌肉和上肢肌肉力量。

2. 训练方法

（1）身体呈四点支撑姿势，双手和双脚脚尖撑地，双臂、双腿伸直且间距大于肩宽，髋部屈曲，整个身体呈倒 V 形（图 10－5）。

图 10－5　半倒立俯卧撑训练预备姿势

（2）收紧腹部，屈肘，降低身体至头部几乎碰到地面，保持 1～2 s（图 10－6）。恢复至预备姿势，重复规定次数。

图 10－6　半倒立俯卧撑训练

3. 注意事项

动作过程中保持身体稳定、双腿伸直，避免耸肩。

四、俯冲式俯卧撑训练

1. 训练目的

强化上肢和核心的力量，增加肩关节肌肉和上肢肌肉力量。

2. 训练方法

（1）身体呈四点支撑姿势，双手和双脚脚尖撑地，双臂、双腿伸直，且间距大于肩宽，髋部屈曲，整个身体呈倒V形（图10－7）。

图10－7 俯冲式俯卧撑训练预备姿势

（2）双臂慢慢屈肘，同时躯干开始慢慢向前、向下伸展，至躯干与下肢呈一条直线（与地面平行）；然后双臂慢慢伸直，同时躯干开始慢慢上抬至最大限度，且双腿始终保持与地面平行；最后倒序完成上述动作，恢复至预备姿势（图10－8）。重复规定次数。

（a）屈肘

（b）双臂慢慢伸直

（c）倒序恢复至半倒立俯卧撑训练

（d）倒序恢复至预备姿势

图10－8 俯冲式俯卧撑训练

3. 注意事项

动作过程中保持身体稳定、双腿伸直，避免耸肩。

五、爬行式俯卧撑训练

1. 训练目的

强化上肢力量，增加肩关节肌肉和上肢肌肉力量，提升躯干稳定性。

2. 训练方法

（1）身体呈俯卧撑姿势，双臂于肩关节正下方伸直，双脚脚尖撑地，从头部到脚踝呈一条直线（图 10－9）。

图 10－9　爬行式俯卧撑训练预备姿势

（2）收紧腹部，屈肘，降低身体至胸部几乎碰到地面，同时右腿屈膝上抬至同侧肘关节后侧，保持 1～2 s，如图 10－10（a）所示。

（3）恢复至预备姿势，如图 10－10（b）所示。然后收紧腹部，屈肘，降低身体至胸部几乎碰到地面，同时左腿屈膝上抬至同侧肘关节后侧，保持 1～2 s，如图 10－10（c）所示。恢复至预备姿势，如图 10－10（d）所示，重复规定次数。

（a）屈肘、右腿屈膝上抬

（b）恢复至预备姿势

（c）屈肘、左腿屈膝上抬

（d）恢复至预备姿势

图 10－10　爬行式俯卧撑训练

3. 注意事项

动作过程中保持躯干平直，俯卧撑动作与抬腿动作同步。

六、不稳定俯卧撑训练

1. 训练目的

强化上肢的力量。

2. 训练方法

（1）身体呈俯卧撑姿势，左臂于肩关节正下方伸直且左手撑地，右臂微微屈肘且右手撑在位于肩关节正下方的一只药球上，双脚分开与肩同宽且脚尖撑地，从头部到脚踝呈一条直线（图 10－11）。

图 10－11　不稳定俯卧撑训练预备姿势

（2）收紧腹部，屈肘，降低身体至胸部几乎碰到药球，保持 1 ~2 s（图 10－12）。恢复至预备姿势，重复规定次数后，换另一侧进行该动作。

图 10－12　不稳定俯卧撑训练

3. 注意事项

动作过程中保持从头部到脚踝呈一条直线，避免拱背或塌腰。

第二节　哑铃辅助上肢功能力量训练

一、哑铃卧推训练

1. 训练目的

强化上肢的力量。

2. 训练方法

（1）身体呈仰卧姿势，双臂向上屈肘至上臂与肩关节呈一条直线，前臂垂直于地面，双手掌心向前且分别抓握一只哑铃（图 10－13）。

图 10－13　哑铃卧推训练预备姿势

（2）保持躯干及下肢姿势不变，双手向上推举哑铃至双臂完全伸直，保持 1 ~2 s

(图 10－14)。恢复至预备姿势，重复规定次数。

图 10－14　哑铃卧推训练

3. 注意事项

动作过程中保持身体稳定，核心收紧。

二、哑铃飞鸟训练

1. 训练目的

强化上肢的力量。

2. 训练方法

(1) 双脚分开站立，双脚距离与肩同宽，双膝微屈，躯干略微前倾，双臂于身体两侧屈肘，双手掌心相对且分别抓握一只哑铃（图 10－15)。

图 10－15　哑铃飞鸟训练预备姿势

图 10－16　哑铃飞鸟训练

(2) 保持下肢及躯干姿势不变，双臂向两侧打开至与地面平行，保持1 ~2 s（图 10－16)。恢复至预备姿势，重复规定次数。

3. 注意事项

动作过程中保持身体稳定，核心收紧。

三、哑铃推举训练

1. 训练目的

强化上肢的力量。

2. 训练方法

(1) 双脚分开站立，双脚距离小于肩宽，双臂屈肘 90°上抬至上臂与肩关节呈一条直线，前臂垂直于地面，双手掌心向前且分别抓握一只哑铃（图 10－17）。

（2）保持下肢及躯干姿势不变，双手向上推举哑铃至双臂完全伸直，保持 1～2 s（图 10－18）。恢复至预备姿势，重复规定次数。

图 10－17 哑铃推举训练预备姿势

图 10－18 哑铃推举训练

3. 注意事项

动作过程中保持身体稳定，核心收紧。

四、哑铃双臂划船训练

1. 训练目的

强化上肢的力量。

2. 训练方法

（1）双脚分开站立，双脚距离与肩同宽，双膝微屈，躯干前倾，双臂竖直向下伸直，双手掌心相对且分别抓握一只哑铃（图 10－19）。

（2）保持躯干及下肢姿势不变，双臂屈肘向上提拉哑铃至躯干两侧，保持 1～2 s（图 10－20）。恢复至预备姿势，重复规定次数。

图 10－19 哑铃双臂划船训练预备姿势

图 10－20 哑铃双臂划船训练

3. 注意事项

动作过程中保持身体稳定，核心收紧。

五、哑铃单臂划船训练

1. 训练目的

强化上肢的力量。

2. 训练方法

（1）双脚分开站立，左腿屈膝在前，右腿伸直在后，躯干前倾至与右腿呈一条直线，左手叉腰，右臂垂直向下伸直，右手掌心向左抓握一只哑铃（图 10－21）。

（2）保持左臂、躯干及下肢姿势不变，右臂屈肘向上提拉哑铃至躯干右侧，保持 1～2 s（图 10－22）。恢复至预备姿势，重复规定次数后，换另一侧进行该动作。

图 10－21　哑铃单臂划船训练预备姿势

图 10－22　哑铃单臂划船训练

3. 注意事项

动作过程中保持身体稳定，核心收紧。

六、哑铃俯卧撑划船训练

1. 训练目的

强化上肢、肩部、核心及胸大肌的力量。

2. 训练方法

（1）身体呈俯卧撑姿势，双臂于肩关节正下方伸直，双手分别抓握一只哑铃，双脚脚尖撑地，从头部到脚踝呈一条直线（图 10－23）。

图 10－23　哑铃俯卧撑划船训练预备姿势

（2）收紧腹部，屈肘，降低身体至胸部几乎碰到地面，如图 10－24（a）所示。

（3）双臂伸直上推，恢复至预备姿势，如图 10－24（b）所示。

（4）保持右臂、躯干和双腿姿势不变，左臂屈肘向上提拉哑铃至躯干左侧，保持 1～2 s，如图 10－24（c）所示。恢复至预备姿势，重复规定次数后，换另一侧进行该动作。

（a）屈肘降低身体

（b）恢复至预备姿势

（c）右臂屈肘提拉

图 10－24 哑铃俯卧撑划船训练

3. 注意事项

动作过程中保持从头部到脚踝呈一条直线，手臂向上屈肘时夹紧身体。

第十一章　体能训练的胸椎功能训练

肩关节是连接上肢与躯干的重要连接关节，并与相连接的骨骼及其相近关节形成关节复合体，且各关节的功能侧重点并不相同。因此，要想使肩胛胸廓等各关节在体能训练发生肩关节损伤后的功能康复中保持稳定，除对肩关节的功能康复训练外，还需要具备良好的胸椎灵活性。如果胸椎的灵活性不足，肩胛胸廓等关节的稳定性会受到影响，尤其是肩胛骨的位置易出现偏移，进一步影响肩关节周围软组织的张力变化，影响运动动作的完成。

第一节　胸椎灵活性功能训练

一、胸椎周围软组织松解训练

1. 训练目的

放松上背部筋膜与肌肉，促进胸椎周围软组织功能恢复。

2. 训练方法

（1）身体呈仰卧姿势，双腿屈膝，双脚撑地，双手抱于胸前，将泡沫轴置于上背部下方，将臀部抬离地面（图 11－1）。

（2）双脚推地，带动身体前后移动，使泡沫轴在上背部慢慢来回滚动至规定时间，并可在有明显酸痛点的位置进行局部反复滚动（图 11－2）。

图 11－1　胸椎周围软组织松解训练预备姿势

图 11－2　胸椎周围软组织松解训练

3. 注意事项

有意识地将胸椎分为上、中、下三个部分，然后按照从下至上的顺序依次对每个部分进行滚压，并保持呼吸均匀。

二、猫式伸展训练

1. 训练目的

伸展背部肌肉，增强胸椎灵活性。

2. 训练方法

（1）身体呈俯卧跪姿，双臂伸直且位于肩关节正下方，双手指尖朝前，背部保持平直（图 11－3）。

图 11－3 猫式伸展训练预备姿势

（2）四肢姿势保持不变，在吸气的同时将背部向上拱起至最大限度（头部随之向下运动），保持 2 s，如图 11－4（a）所示。

（3）然后在呼气的同时将背部下压至最大限度（头部随之上抬），保持 2 s，如图 11－4（b）所示。重复拱起和下压背部至规定次数。

（a）背顶姿势

（b）背部下压姿势

图 11－4 猫式伸展训练

3. 注意事项

动作过程中保持腹部收紧，动作缓慢而有控制。

三、三角式伸展训练

1. 训练目的

伸展肩部及背部肌肉，增强胸椎灵活性。

2. 训练方法

(1) 身体呈四点支撑姿势，双手与双脚撑地，双臂、双腿伸直且间距大于肩宽，髋部屈曲，整个身体呈倒V形，吸气（图11-5）。

图11-5 三角式伸展训练预备姿势

(2) 保持躯干平直，四肢伸直，在吸气的同时肩部向腿部靠拢至最大限度，保持1~2 s（图11-6）。恢复至预备姿势，重复至规定次数。

图11-6 三角式伸展训练

3. 注意事项

动作过程中保持腹部收紧，双脚位置固定。

四、翻书训练

1. 训练目的

增强胸椎灵活性。

2. 训练方法

(1) 身体呈左侧卧位姿势，双腿屈髋、屈膝90°，双臂于肩关节正前方伸直，双掌并拢，吸气（图11-7）。

图11-7 翻书训练预备姿势

(2) 保持左臂紧贴地面，在呼气的同时躯干向右侧旋转，如图11-8（a）所示，右臂缓慢地向右打开，至最大限度，保持1~2 s，如图11-8（b）所示。恢复至预备姿势，重复至规定次数后，换另一侧进行该动作。

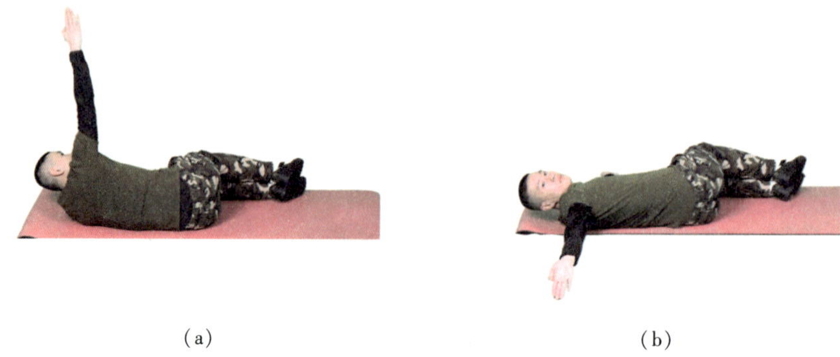

(a)　　　　(b)

图 11－8　翻书训练

3. 注意事项

动作过程中保持髋部及下肢姿势不变，头部跟随打开的手臂同步转动。

五、抓肋式胸椎旋转训练

1. 训练目的

增强胸椎灵活性。

2. 训练方法

（1）身体呈左侧卧位姿势，左腿伸直，右腿屈髋、屈膝 90°并将泡沫轴置于右膝下方，左臂于体前伸直且紧贴地面，右臂向前屈肘并用右手抓住左侧肋骨，吸气（图 11－9）。

（2）保持左臂紧贴地面，在呼气的同时躯干向右侧旋转（右手抓紧肋骨辅助），使右侧肩胛骨向地面靠近至最大限度，保持 1 ~ 2 s（图 11－10）。恢复至预备姿势，重复至规定次数后，换另一侧进行该动作。

图 11－9　抓肋式胸椎旋转训练预备姿势

图 11－10　抓肋式胸椎旋转训练

3. 注意事项

动作过程中保持髋部及下肢姿势不变，头部跟随躯干的旋转同步转动。

六、坐姿胸椎旋转训练

1. 训练目的

增强胸椎灵活性。

2. 训练方法

（1）身体呈坐姿，躯干伸直，双臂屈肘上抬并向外打开至与躯干在同一平面内，双手置于脑后，吸气（图 11－11）。

图 11－11　坐姿胸椎旋转训练预备姿势

（2）在吸气的同时躯干向左侧旋转至最大限度，保持 1～2 s，如图 11－12（a）所示。

（3）恢复至预备姿势，吸气，然后在呼气的同时躯干向右旋转至最大限度，保持 1～2 s，如图 11－12（b）所示。恢复至预备姿势，重复至规定次数。

（a）向左旋转至最大限度

（b）向右旋转至最大限度

图 11－12　坐姿胸椎旋转训练

3. 注意事项

动作过程中保持躯干挺直，双臂打开。

七、四点跪姿胸椎旋转训练

1. 训练目的

增强胸椎灵活性。

2. 训练方法

（1）身体呈俯卧跪姿，双膝位于髋关节正下方，右臂伸直且位于肩关节正下方，左臂屈肘上抬至与地面平行，左手置于脑后（图 11 - 13）。

图 11 - 13　四点跪姿胸椎旋转训练预备姿势

（2）保持右臂伸直且右臂位置固定，在吸气的同时躯干向右侧旋转，左肩下压至最大限度，保持 1 ~ 2 s，如图 11 - 14（a）所示。

（3）继续保持右臂伸直且右肩位置固定，在呼气的同时躯干向左旋转，左肩上抬至最大限度，保持 1 ~ 2 s，如图 11 - 14（b）所示。躯干重复向两侧旋转至规定次数，换另一侧进行该动作。

（a）左肩下压至最大限度

（b）左肩上抬至最大限度

图 11 - 14　四点跪姿胸椎旋转训练

3. 注意事项

动作过程中保持髋部及下肢姿势不变，头部跟随躯干的旋转同步转动。

八、四点跪姿腰椎锁定胸椎旋转训练

1. 训练目的

增强胸椎灵活性。

2. 训练方法

（1）身体呈跪坐姿，右臂屈肘且前臂撑地，左臂屈肘上抬至与地面平行，左手扶于脑后（图 11 - 15）。

图 11 - 15　四点跪姿腰椎锁定胸椎旋转训练预备姿势

（2）保持右臂及右肩位置固定，在吸气的同时躯干向右侧旋转，左肩下压至最大限度，保持1～2 s，如图11－16（a）所示。

（3）继续保持右臂及右肩位置固定，在呼气的同时躯干向左旋转，左肩上抬至最大限度，保持1～2 s，如图11　16（b）所示。躯干重复向两侧旋转至规定次数，换另一侧进行该动作。

（a）左肩下压至最大限度

（b）左肩上抬至最大限度

图11－16　四点跪姿腰椎锁定胸椎旋转训练

3. 注意事项

动作过程中保持髋部及下肢姿势不变，头部跟随躯干的旋转同步转动。

九、卧姿麻花拉伸训练

1. 训练目的

伸展髋部肌群，增强胸椎灵活性。

2. 训练方法

（1）身体呈右侧卧姿势，左腿向前屈髋、屈膝90°，右手抓住左膝，右腿向后屈膝，且大腿与躯干和头部呈一条直线，左手抓住右脚脚尖，吸气（图11－17）。

图11－17　卧姿麻花拉伸训练预备姿势

（2）保持身体稳定，在呼气的同时躯干向左旋转至最大限度，保持1～2 s（图11－18）。恢复至预备姿势，重复规定次数后，换另一侧进行该动作。

图11－18　卧姿麻花拉伸训练

3. 注意事项

动作过程中保持髋部及下肢姿势不变，头部跟随躯干的旋转同步转动。

十、坐姿麻花拉伸训练

1. 训练目的

伸展髋部肌群，增强胸椎灵活性。

2. 训练方法

（1）身体呈坐姿，右腿外旋并向右屈髋、屈膝 90°，左腿内旋并向左屈髋、屈膝 90°，躯干挺直并后倾，右臂于体后伸直支撑，左臂于体前伸直，吸气（图 11 - 19）。

图 11 - 19　坐姿麻花拉伸训练预备姿势

（2）保持右臂伸直，在呼气的同时躯干向右旋转至最大限度，左手随之向右后方移动至右手旁，保持 1 ~2 s（图 11 - 20）。恢复至预备姿势，重复规定次数后，换另一侧进行该动作。

图 11 - 20　坐姿麻花拉伸训练

3. 注意事项

动作过程中保持髋部及下肢姿势不变，头部跟随躯干的旋转同步转动。

十一、弓箭步胸椎旋转训练

1. 训练目的

增强胸椎灵活性。

2. 训练方法

（1）双腿呈弓箭步姿势，左腿屈髋、屈膝 90°在前，右腿屈膝 90°在后且膝关节不触地，右脚脚尖撑地，双臂向前水平伸直且双掌并拢，吸气（图 11 - 21）。

图 11 - 21　弓箭步胸椎旋转训练预备姿势

（2）保持右臂伸直，左肩位置固定，在呼气的同时躯干向左旋转，左臂缓慢地向左打开至最大限度，保持 1 ~ 2 s（图 11 - 22）。恢复至预备姿势，重复规定次数后，换另一侧进行该动作。

图 11 - 22　弓箭步胸椎旋转训练

3. 注意事项

动作过程中保持髋部及下肢姿势不变，头部跟随打开的手臂同步转动。

第二节　抗阻动态胸椎灵活性训练

一、抗阻翻书训练

1. 训练目的

增强胸椎灵活性。

2. 训练方法

（1）身体呈右侧卧姿势，双腿屈髋、屈膝 90°，右臂于肩关节正前方伸直且紧贴地面。将弹力带的一端固定在身体右侧高处，左臂于肩关节正前方伸直且用左手握住弹力带的另一端，使弹力带具有一定张力，吸气（图 11 – 23）。

图 11 – 23　抗阻翻书训练预备姿势

（2）保持右臂紧贴地面，在呼气的同时躯干向左旋转，如图 11 – 24（a）所示。左臂拉动弹力带缓慢地向左打开至最大限度，保持 1 ~ 2 s，如图 11 – 24（b）所示。恢复至预备姿势，重复规定次数后，换另一侧进行该动作。

（a）　（b）

图 11 – 24　抗阻翻书训练

3. 注意事项

动作过程中保持髋部及下肢姿势不变，头部跟随打开的手臂同步转动。

二、抗阻对角线胸椎旋转训练

1. 训练目的

增强胸椎灵活性。

2. 训练方法

（1）身体呈右侧卧姿势，右腿伸直，左腿屈髋、屈膝 90°并将泡沫轴置于左膝下方，右臂于体前伸直且紧贴地面。将弹力带的一端固定在身体右侧高处，左臂于肩关节前方伸直且用左手握住弹力带的另一端，使弹力带具有一定张力，吸气（图 11 – 25）。

图 11 – 25　抗阻对角线胸椎旋转训练预备姿势

（2）保持右臂紧贴地面，在呼气的同时躯干向左侧旋转，如图 11－26（a）所示。左臂拉动弹力带缓慢地向对角线方向打开至最大限度，保持 1～2 s，如图 11－26（b）所示。恢复至预备姿势，重复规定次数后，换另一侧进行该动作。

(a)　(b)

图 11－26　抗阻对角线胸椎旋转训练

3. 注意事项

动作过程中保持髋部及下肢姿势不变，头部跟随打开的手臂同步转动。

三、抗阻四点跪姿胸椎旋转训练

1. 训练目的

增强胸椎灵活性。

2. 训练方法

（1）身体呈俯撑跪姿，双膝位于髋关节正下方，右臂伸直且位于肩关节正下方，左臂屈肘上抬至与地面平行，左手扶于脑后。将超级训练带自后侧套在左肩处，并经体前绕至右侧腰部，另一端固定在身体右后方高处，并使其具有一定张力（图 11－27）。

图 11－27　抗阻四点跪姿胸椎旋转训练预备姿势

（2）保持右臂伸直且右肩位置固定，在吸气的同时躯干向右旋转，左肩下压至最大限度，保持 1～2 s，如图 11－28（a）所示。

（3）继续保持右臂伸直且右肩位置固定，在呼气的同时躯干向左旋转，左肩上抬至最大限度，保持 1～2 s，如图 11－28（b）所示。躯干重复向两侧旋转至规定次数，换另一侧进行该动作。

(a) 左肩下压至最大限度

(b) 左肩上抬至最大限度

图 11－28 抗阻四点跪姿胸椎旋转训练

3. 注意事项

动作过程中保持髋部及下肢姿势不变，头部跟随躯干的旋转同步转动。

四、抗阻四点跪姿腰椎锁定胸椎旋转训练

1. 训练目的

增强胸椎灵活性。

2. 训练方法

(1) 身体呈跪坐姿势，右臂屈肘且前臂撑地，左臂屈肘上抬至与地面平行，左手扶于脑后。将超级训练带自后侧套在左肩处，并经体前绕至右侧腰部，另一端固定在身体右后方高处，并使其具有一定张力（图 11－29）。

图 11－29 抗阻四点跪姿腰椎锁定胸椎旋转训练预备姿势

(2) 保持右臂及右肩位置固定，在吸气的同时躯干向右旋转，左肩下压至最大限度，保持 1～2 s，如图 11－30（a）所示。

(3) 继续保持右臂及右肩位置固定，在呼气的同时躯干向左旋转，左肩上抬至最大限度，保持 1～2 s，如图 11－30（b）所示。躯干重复向两侧旋转至规定次数，换另一侧进行该动作。

(a) 左肩下压至最大限度

(b) 左肩上抬至最大限度

图 11－30 抗阻四点跪姿腰椎锁定胸椎旋转训练

3. 注意事项

动作过程中保持髋部及下肢姿势不变，头部跟随躯干的旋转同步转动。

五、抗阻四点跪姿腰椎锁定胸椎旋转训练（手放背后）

1. 训练目的

增强胸椎灵活性。

2. 训练方法

(1) 身体呈跪坐姿势，右臂屈肘且前臂撑地，左臂屈肘向后，左手置于中背部。将超级训练带自后侧套在左肩处，并经体前绕至右侧腰部，另一端固定在身体右后方高处（或由辅助者握住），并使其具有一定张力（图 11－31）。

图 11－31　抗阻四点跪姿腰椎锁定胸椎旋转训练（手放背后）预备姿势

(2) 保持右臂及右肩位置固定，在吸气的同时躯干向右旋转，左肩下压至最大限度，保持 1～2 s，如图 11－32 (a) 所示。

(3) 继续保持右臂及右肩位置固定，在呼气的同时躯干向左旋转，左肩上抬至最大限度，保持 1～2 s，如图 11－32 (b) 所示。躯干重复向两侧旋转至规定次数，换另一侧进行该动作。

(a) 左肩下压至最大限度

(c) 左肩上抬至最大限度

图 11－32　抗阻四点跪姿腰椎锁定胸椎旋转训练（手放背后）

3. 注意事项

动作过程中保持髋部及下肢姿势不变，头部跟随躯干的旋转同步转动。

六、抗阻站姿胸椎旋转训练

1. 训练目的

增强胸椎灵活性。

2. 训练方法

（1）身体呈站姿，双臂前平举，双手分别握住弹力带的两端，并使其具有一定张力，吸气（图 11－33）。

（2）保持右臂伸直、右肩位置固定，在呼气的同时躯干向左旋转，左臂缓慢地向左打开至最大限度，保持 1～2 s（图 11－34）。恢复至预备姿势，重复规定次数后，换另一侧进行该动作。

图 11－33 抗阻站姿胸椎旋转训练预备姿势

图 11－34 抗阻站姿胸椎旋转训练

3. 注意事项

动作过程中保持髋部及下肢姿势不变，头部跟随打开的手臂同步转动。

七、抗阻弓箭步胸椎旋转训练

1. 训练目的

增强胸椎灵活性及肩胛区域的稳定性。

2. 训练方法

（1）双腿呈弓箭步姿势，左腿屈髋、屈膝 90°在前，右腿屈膝 90°在后且膝关节不触地，右脚脚尖撑地，双臂前平举，双手分别握住弹力带的两端，并使其具有一定张力，吸气（图 11－35）。

图 11－35 抗阻弓箭步胸椎旋转训练预备姿势

（2）保持右臂伸直、右肩位置固定，在吸气的同时躯干向左旋转，左臂缓慢地向左打开至最大限度，保持 1 ~ 2 s（图 11 – 36）。恢复至预备姿势，重复规定次数后，换另一侧进行该动作。

图 11 – 36　抗阻弓箭步胸椎旋转训练

3. 注意事项

动作过程中保持髋部及下肢姿势不变，头部跟随打开的手臂同步转动。

八、举壶铃胸椎旋转训练

1. 训练目的

增强胸椎灵活性及肩胛区域的稳定性。

2. 训练方法

（1）双腿呈站姿，双脚分开，双脚距离与肩同宽，右臂于体侧伸直，左手抓握壶铃，左臂向上伸直至垂直于地面，壶铃底部向下，吸气（图 11 – 37）。

图 11 – 37　举壶铃胸椎旋转训练预备姿势

图 11 – 38　举壶铃胸椎旋转训练

（2）保持左臂伸直且垂直于地面，在呼气的同时屈髋、屈膝下蹲，躯干向左旋转至右手触地，保持 1 ~ 2 s（图 11 – 39）。恢复至预备姿势，重复规定次数后，换另一侧进行该动作。

3. 注意事项

动作过程中保持身体稳定。

第十二章　体能训练的腰部伤病功能康复

体能训练中常见的腰部伤病将会直接影响腰部功能，如何促进腰部伤病的功能康复是体能训练参与者亟待解决的重要一环。

第一节　肌肉静态拉伸训练

一、静态拉伸臀肌训练

1. 训练目的

促进恢复臀肌的弹性及初始肌肉长度。

2. 训练方法

（1）身体呈仰卧姿势，左腿伸直，右腿屈髋、屈膝上抬，双手抱住右腿小腿（图12－1）。

图12－1　静态拉伸臀肌训练预备姿势

（2）双手拉动右腿小腿使其靠近躯干，直至臀部肌肉有中等强度的拉伸感（图12－2）。保持20～30 s后，换另一侧进行该动作。

图12－2　静态拉伸臀肌训练

3. 注意事项

拉伸过程中保持非拉伸腿伸直，髋部紧贴地面。

二、静态拉伸髂腰肌训练

1. 训练目的

促进恢复髂腰肌的弹性及初始肌肉长度。

2. 训练方法

（1）身体呈单腿跪姿，躯干伸直，右腿在前，左腿在后，双腿大腿与小腿间的角度大于90°，左臂伸直举过头顶，右手扶于腰部（图12－3）。

图12－3 静态拉伸髂腰肌训练预备姿势

（2）保持躯干挺直，身体重心前移并下压，直至左侧髂腰肌有中等强度的拉伸感（图12－4）。保持20～30 s后，换另一侧进行该动作。

图12－4 静态拉伸髂腰肌训练

3. 注意事项

拉伸过程中保持躯干伸直上举手臂伸直，双腿膝关节朝向正前方，避免髋部旋转或倾斜。

三、静态拉伸梨状肌训练（仰卧姿势）

1. 训练目的

促进恢复梨状肌的弹性及初始肌肉长度。

2. 训练方法

（1）身体呈仰卧姿势，双腿屈髋、屈膝上抬，将右脚置于左腿膝关节处，双手抱住左腿小腿（右手从右腿下方穿过）（图 12－5）。

图 12－5　静态拉伸梨状肌训练（仰卧姿势）预备姿势

（1）双手拉动左腿使其靠近躯干，直至左侧梨状肌有中等强度的拉伸感（图 12－6）。保持 20～30 s 后，换另一侧进行该动作。

图 12－6　静态拉伸梨状肌训练（仰卧姿势）

3. 注意事项

拉伸过程中保持上身稳定且紧贴地面。

四、静态拉伸梨状肌训练（跪坐姿势）

1. 训练目的

促进恢复梨状肌的弹性及初始肌肉长度。

2. 训练方法

（1）身体呈跪坐姿势，左腿屈髋、屈膝置于体前，大腿和臀部抬离地面，右腿向后自然伸直，双臂伸直支撑于左腿前方的地面（图 12－7）。

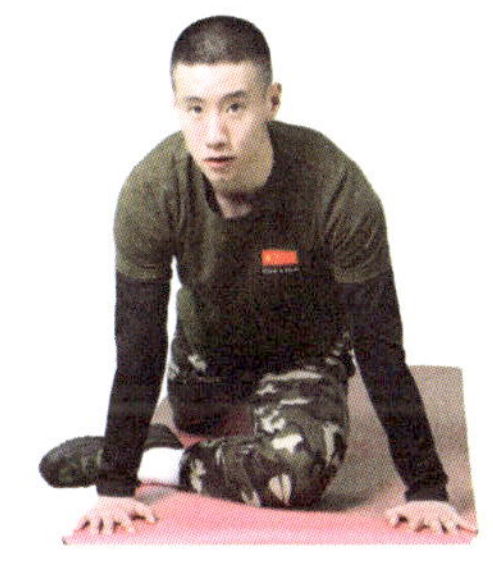

图 12－7　静态拉伸梨状肌训练预备姿势（跪坐姿势）

（2）躯干前倾下压，直至左侧梨状肌有中等强度的拉伸感（图 12－8）。保持 20～30 s后，换另一侧进行该动作。

图 12－8 静态拉伸梨状肌训练（跪坐姿势）

3. 注意事项

拉伸过程中避免髋部旋转或倾斜。

第二节 弹力带辅助训练

一、弹力带拉伸髂腰肌训练

1. 训练目的

促进恢复髂腰肌的弹性及初始肌肉长度。

2. 训练方法

（1）身体呈单腿跪姿，左腿在前，右腿在后，右臂伸直举过头顶，左手扶于腰部。将弹力带的一端固定在身体右侧约与站立位的髋关节同高处（或由辅助者握住），另一端绕过右腿大腿根部，使弹力带具有一定张力（图 12－9）。

（2）保持躯干挺直，身体重心前移并下压，同时右臂进一步向上伸直，直至右侧髂腰肌有中等强度的拉伸感（图 12－10）。保持 20～30 s 后，换另一侧进行该动作。

图 12－9 弹力带拉伸髂腰肌训练预备姿势

图 12－10 弹力带拉伸髂腰肌训练

3. 注意事项

拉伸过程中保持躯干挺直，上举的手臂伸直，双腿膝关节朝向正前方，避免髋部旋转或倾斜。

二、弹力带拉伸梨状肌训练

1. 训练目的

促进恢复梨状肌的弹性及初始肌肉长度。

2. 训练方法

（1）身体呈跪坐姿势，左腿屈髋、屈膝置于体前，大腿和臀部抬离地面，右腿向后自然伸直，双臂伸直支撑于左腿前方的地面。将弹力带的一端固定在身体左侧约与站立位的髋关节同高处（或由辅助者握住），另一端绕过左腿大腿根部，使弹力带具有一定张力（图 12－11）。

图 12－11　弹力带拉伸梨状肌训练预备姿势

（2）躯干前倾下压，直至左侧梨状肌有中等强度的拉伸感（图 12－12）。保持 20～30 s 后，换另一侧进行该动作。

图 12－12　弹力带拉伸梨状肌训练

3. 注意事项

拉伸过程中避免髋部旋转或倾斜。

第三节 动态灵活性训练

一、单腿主动下落训练

1. 训练目的

增强髋关节的动态灵活性。

2. 训练方法

（1）身体呈仰卧姿势，双腿伸直并屈髋上抬，将弹力带的一端缠绕在左脚上，双手握住弹力带的另一端，使弹力带具有一定张力（图 12－13）。

图 12－13 单腿主动下落训练预备姿势

（2）保持躯干和左腿姿势不变，右腿主动下落至地面（图 12－14）。恢复至预备姿势，重复规定次数后，换另一侧进行该动作。

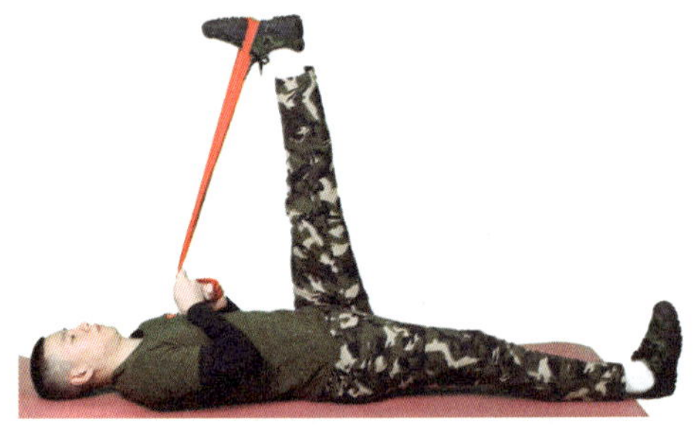

图 12－14 单腿主动下落训练

3. 注意事项

动作过程中保持躯干及髋部稳定且紧贴地面，双腿伸直。

二、弹力带牵拉直腿上抬训练

1. 训练目的

增强髋关节的动态灵活性。

2. 训练方法

（1）身体呈仰卧姿势，将弹力带的中段固定在头顶上方高处，双臂伸直上举过头顶，且用双手握住弹力带的两端，保持弹力带具有一定张力（图 12－15）。

图 12－15　弹力带牵拉直腿上抬训练预备姿势

（2）保持躯干和下肢姿势不变，双臂伸直下拉弹力带至接触地面，如图 12－16（a）所示。

（3）保持上身和左腿姿势不变，右腿伸直上抬至约垂直于地面，如图 12－16（b）所示。恢复至预备姿势，重复规定次数后，换另一侧进行该动作。

（a）双臂下拉

（b）右腿上抬

图 12－16　弹力带牵拉直腿上抬训练

3. 注意事项

动作过程中保持躯干及髋部稳定且紧贴地面，双腿与双臂伸直。

三、仰卧动态屈髋训练

1. 训练目的

增强髋关节的动态灵活性。

2. 训练方法

（1）身体呈仰卧姿势，双臂伸直平放于身体两侧，左腿屈膝，右腿伸直且紧贴地面（图 12 – 17）。

图 12 – 17　仰卧动态屈髋训练预备姿势

（2）保持躯干和左腿姿势不变，右腿与髋部微微上抬，如图 12 – 18（a）所示。

（3）右腿保持伸直且快速向头部上抬至最大限度，同时快速顶髋至躯干与左腿呈一条直线，如图 12 – 18（b）所示。缓慢恢复右腿与髋部微微抬离地面的姿势，重复规定次数后，换另一侧进行该动作。

（a）右腿与髋部微微上抬　　（b）右腿与髋部上抬至最大幅度

图 12 – 18　仰卧动态屈髋训练

3. 注意事项

动作过程中保持头部、肩部及双臂稳定且紧贴地面。

四、俯卧动态伸髋训练

1. 训练目的

增强髋关节的动态灵活性。

2. 训练方法

（1）身体呈俯卧姿势，双腿伸直并拢，双臂侧平举（图 12 – 19）。

图 12 – 19　俯卧动态伸髋训练预备姿势

（2）保持上身稳定，左腿主动上抬至最大限度，腹部离开地面，如图 12－20（a）所示。

（3）左腿慢慢放下至微微离开地面，腹部接触地面，如图 12－20（b）所示。左腿重复上抬规定次数后，换另一侧进行该动作。

（a）左腿主动上抬至最大限度　　（b）左腿慢慢下放

图 12－20　俯卧动态伸髋训练

3. 注意事项

动作过程中保持头部、躯干及双臂稳定且紧贴地面。

五、仰卧动态髋关节内收和外展训练

1. 训练目的

增强髋关节的动态灵活性。

2. 训练方法

（1）身体呈仰卧姿势，双臂侧平举，双腿伸直并拢（图 12－21）。

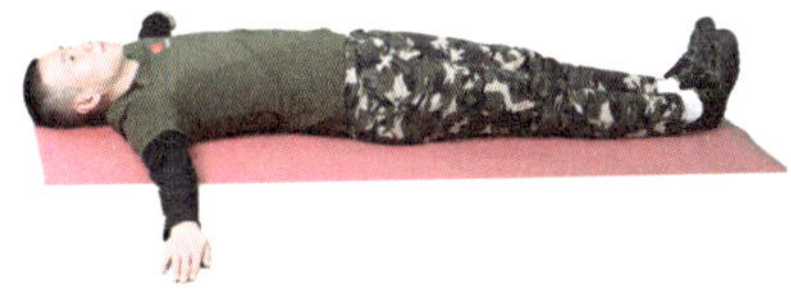

图 12－21　仰卧动态髋关节内收和外展训练预备姿势

（2）保持躯干和左腿姿势不变，右腿主动上抬至垂直于地面（屈髋 90°），保持 1～2 s，如图 12－22（a）所示。

（3）保持头部、肩部及双臂稳定且紧贴地面，右腿保持屈髋 90°并向左侧旋转至右脚触地，保持 1～2 s，如图 12－22（b）所示。

（4）继续保持头部、肩部及双臂稳定且紧贴地面，右腿保持屈髋 90°并向右侧旋转至右脚触地，保持 1～2 s，如图 12－22（c）所示。右腿重复向两侧旋转规定次数后，恢复至预备姿势，换另一侧进行该动作。

（a）右腿主动上抬至垂直地面

（b）右腿向左侧旋转

（c）右腿向右侧旋转

图 12－22　仰卧动态髋关节内收和外展训练

3. 注意事项

动作过程中保持双腿伸直。

六、俯卧动态髋关节内旋和外旋训练

1. 训练目的

增强髋关节的动态灵活性。

2. 训练方法

（1）身体呈俯卧姿势，双臂侧平举，双腿伸直并拢（图 12－23）。

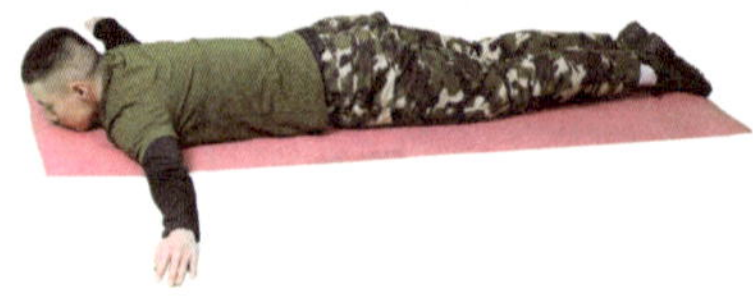

图 12－23　俯卧动态髋关节内旋和外旋训练预备姿势

（2）保持左脚伸直固定，右腿屈膝并向左侧转动至右脚触地，保持 1 ~ 2 s，如图 12 - 24（a）所示。

（3）右腿向右旋转，恢复至预备姿势，如图 12 - 24（b）所示。

（4）保持右腿伸直固定，左脚屈膝并向右侧旋至左脚触地，保持 1 ~ 2 s，如图 12 - 24（c）所示。恢复至预备姿势，重复规定次数。

（a）右腿屈膝向左侧转动

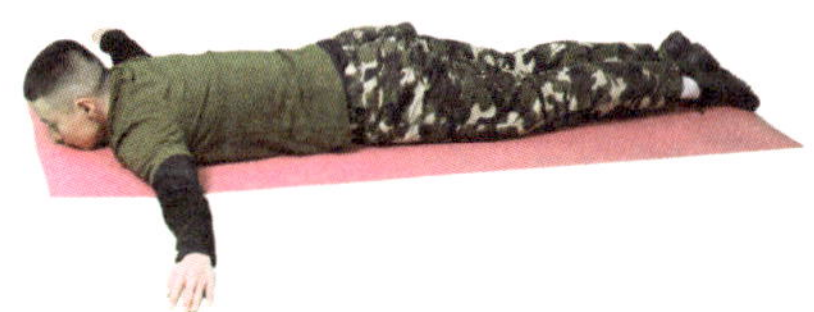

（b）恢复至预备姿势

（c）左脚屈膝向右旋转

图 12 - 24　俯卧动态髋关节内旋和外旋训练

3. 注意事项

动作过程中保持头部、肩部及双臂稳定，避免过度用力。

第十三章　体能训练的膝关节伤病功能康复

膝关节作为人体进行运动的主要稳定性关节之一，在完成人体运动过程中需要具备良好的稳定性。但因其关节结构复杂，也成为损伤风险最高的关节之一，尤其是久坐不动或体力活动下降，以及过度使用等都会导致其功能退化。膝关节在出现损伤或是疼痛状态下往往与其稳定性不足密切相关。同时，膝关节稳定性不足又与相邻的下端踝关节和上端髋关节的灵活性不足有关。决定膝关节稳定性的因素主要包括膝关节肌肉力量、骨骼形态、半月板功能、髌股关节结构、膝关节内与膝关节周围韧带的形态与功能，以及膝关节的本体感觉等。

因此，在对膝关节伤病发生后的恢复期进行功能强化训练时，既要进行促进膝关节周围软组织的功能恢复并提高下肢各关节灵活性的训练，也要强化下肢以及核心区的稳定性的功能训练。

第一节　呼吸训练

一、俯卧呼吸训练（鳄鱼式呼吸）

1. 训练目的

激活膈肌，降低易紧张肌肉的张力，协调机体稳态。

2. 训练方法

（1）身体放松，俯卧在垫子上，双脚并拢，双手叠放在额下，用鼻腔缓缓吸气，大约 4 s，胸廓尽量保持不动，腹腔向两侧和背侧扩张顶起，然后屏气 2 s，如图 13 – 1（a）所示。

（2）用嘴缓缓将气体呼出，大约 6 s，并在呼气的同时收缩腹部，尽量将气体呼出，如图 13 – 1（b）所示。重复练习规定次数。

（a）吸气

（b）呼气

图 13－1　俯卧呼吸训练（鳄鱼式呼吸）

3. 注意事项

按照节奏缓慢、持续进行吸气和呼气。

二、仰卧呼吸训练（仰卧腹式呼吸）

1. 训练目的

激活膈肌，降低易紧张肌肉的张力，协调机体稳态。

2. 训练方法

（1）身体放松，仰卧在垫子上，双手叠放在腹部，双脚并拢，用鼻腔缓缓吸气，大约用时 4 s，胸廓尽量保持不动，感觉双手被腹部向上和向两侧顶起，然后屏气 2 s，如图 13－2（a）所示。

（2）用嘴缓缓将气体呼出，大约 6 s，并在呼气的同时收缩腹部，尽量将气体呼出，如图 13－2（b）所示。重复练习规定次数。

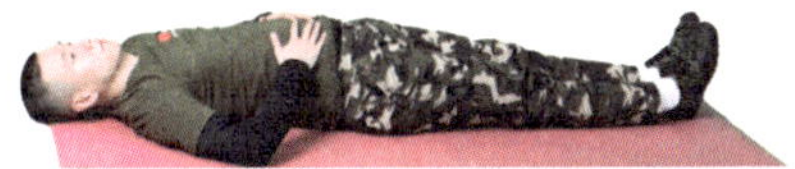

（a）吸气

（b）呼气

图 13－2　仰卧呼吸训练（仰卧腹式呼吸）

3. 注意事项

按照节奏缓慢、持续进行吸气和呼气。

第二节　泡沫轴滚压训练

一、泡沫轴滚压大腿前侧训练

1. 训练目的

放松大腿前侧筋膜与肌肉，促进膝关节周围软组织功能恢复。

2. 训练方法

（1）身体呈俯卧姿势，双肘屈肘撑地，将泡沫轴置于左腿大腿下方，右腿叠放于左腿上（图 13 – 3）。

图 13 – 3　泡沫轴滚压大腿前侧训练预备姿势

（2）双臂推地，带动身体前后移动，使泡沫轴在左腿大腿处慢慢来回移动，并可在有明显酸痛点的位置进行局部反复滚动（图 13 – 4）。滚动至规定时间后，换另一侧进行该动作。

图 13 – 4　泡沫轴滚压大腿前侧训练

3. 注意事项

滚压过程中保持腹部收紧，身体稳定。

二、泡沫轴滚压大腿后侧训练

1. 训练目的

放松大腿后侧筋膜与肌肉，促进膝关节周围软组织功能恢复。

2. 训练方法

（1）身体呈坐姿，双臂伸直撑于体后，右腿伸直，将泡沫轴置于右腿大腿下方，左腿屈曲置于右腿上（图 13 – 5）。

图 13－5　泡沫轴滚压大腿后侧训练预备姿势

（2）双手推地，带动身体前后移动，使泡沫轴在右腿大腿处慢慢来回移动，并可在有明显酸痛点的位置进行局部反复滚动（图 13－6）。滚动至规定时间后，换另一侧进行该动作。

图 13－6　泡沫轴滚压大腿后侧训练

3. 注意事项

滚压过程中保持腹部收紧，臀部抬离地面。

三、泡沫轴滚压大腿内侧训练

1. 训练目的

放松大腿内侧筋膜与肌肉，促进膝关节周围软组织功能恢复。

2. 训练方法

（1）身体呈俯卧姿势，双臂屈肘撑地，右腿伸直，左腿屈曲并外展，将泡沫轴置于左腿大腿下方（图 13－7）。

图 13－7　泡沫轴滚压大腿内侧训练预备姿势

（2）双臂和右脚推地，带动身体前后移动，使泡沫轴在左腿大腿处慢慢来回移动，并可在有明显酸痛点的位置进行局部反复滚动（图 13－8）。滚动至规定时间后，换另一侧进行该动作。

图 13－8　泡沫轴滚压大腿内侧训练

3. 注意事项

滚压过程中保持身体稳定。

四、泡沫轴滚压大腿外侧训练

1. 训练目的

放松大腿外侧筋膜与肌肉，促进膝关节周围软组织功能恢复。

2. 训练方法

（1）身体呈右侧卧姿势，右臂屈曲，左臂伸直，用右前臂和左手支撑于地面，右腿伸直，将泡沫轴置于右腿大腿下方，左腿屈曲支撑于右腿前侧（图 13－9）。

图 13－9　泡沫轴滚压大腿外侧训练预备姿势

（2）左手和左脚推地，带动身体前后移动，使泡沫轴在右腿大腿处慢慢来回移动，并可在有明显酸痛点的位置进行局部反复滚动（图 13－10）。滚动至规定时间后，换另一侧进行该动作。

图 13－10　泡沫轴滚压大腿外侧训练

3. 注意事项

滚压过程中保持腹部收紧，身体稳定。

五、泡沫轴滚压小腿前侧训练

1. 训练目的

放松小腿前侧筋膜与肌肉，促进膝关节周围软组织功能恢复。

2. 训练方法

（1）身体呈俯卧姿势，双臂伸直支撑于地面，左腿屈髋、屈膝，将泡沫轴置于左腿小腿外侧下方，右腿屈膝，右脚脚尖撑地（图 13－11）。

图 13－11　泡沫轴滚压小腿前侧训练预备姿势

（2）双手和右脚推地，带动身体前后移动，使泡沫轴在左腿小腿处慢慢来回移动，并可在有明显酸痛点的位置进行局部反复滚动（图 13－12）。滚动至规定时间后，换另一侧进行该动作。

图 13－12　泡沫轴滚压小腿前侧训练

3. 注意事项

滚压过程中身体稍微倾斜以滚压小腿外侧，同时避免直接滚压胫骨。

六、泡沫轴滚压小腿后侧训练

1. 训练目的

放松小腿后侧筋膜与肌肉，促进膝关节周围软组织功能恢复。

2. 训练方法

（1）身体呈坐姿，双臂伸直支撑于身体后侧，右腿伸直，将泡沫轴置于右腿小腿下方，左腿叠放于右腿上（图 13－13）。

图 13－13　泡沫轴滚压小腿后侧训练预备姿势

（2）双手推地，带动身体前后移动，使泡沫轴在右腿小腿处慢慢来回移动，并可在有明显酸痛点的位置进行局部反复滚动（图 13－14）。滚动至规定时间后，换另一侧进行该动作。

图 13－14　泡沫轴滚压小腿后侧训练

3. 注意事项

滚压过程中保持腹部收紧，身体稳定。

第三节　筋膜球按压扳机点训练

一、筋膜球按压大腿前侧扳机点训练

1. 训练目的

放松大腿前侧筋膜与肌肉，处理扳机点。

2. 训练方法

身体呈俯卧姿势，双臂屈肘撑地，将筋膜球置于左腿大腿下方。双臂和右脚推地，带动身体前后移动，使筋膜球在左腿大腿处慢慢来回滚动，寻找明显的酸痛点，并可在酸痛点着力滚动。滚动至规定时间后，换另一侧进行该动作（图 13－15）。

图 13－15　筋膜球按压大腿前侧扳机点训练

3. 注意事项

在可承受的范围内利用尽量多的自身重量进行按压，若出现明显的刺痛或不适（非正常的酸痛感），应立即停止训练。

二、筋膜球按压大腿后侧扳机点训练

1. 训练目的

放松大腿后侧筋膜与肌肉，处理扳机点。

2. 训练方法

身体呈坐姿，双臂伸直支撑于身体后侧，右腿伸直，将筋膜球置于右腿大腿下方，左腿屈膝，左脚置于地面。双手和左脚推地，带动身体前后移动，使筋膜球在右腿大腿处慢慢来回滚动，寻找明显的酸痛点，并可在酸痛点着力滚动。滚动至规定时间后，换另一侧进行该动作（图 13－16）。

图 13－16 筋膜球按压大腿后侧扳机点训练

3. 注意事项

在可承受的范围内利用尽量多的自身重量进行按压，若出现明显的刺痛或不适（非正常的酸痛感），应立即停止训练。

三、筋膜球按压大腿内侧扳机点训练

1. 训练目的

放松大腿内侧筋膜与肌肉，处理扳机点。

2. 训练方法

身体呈俯卧姿势，双臂屈肘撑地，左腿屈曲并外展，将筋膜球置于左腿大腿下方。双臂和右脚推地，带动身体前后移动，使筋膜球在左腿大腿处慢慢来回滚动，寻找明显的酸痛点，并可在酸痛点着力滚动。滚动至规定时间后，换另一侧进行该动作（图 13－17）。

图 13－17 筋膜球按压大腿内侧扳机点训练

3. 注意事项

在可承受的范围内利用尽量多的自身重量进行按压，若出现明显的刺痛或不适（非正常的酸痛感），应立即停止训练。

四、筋膜球按压大腿外侧扳机点训练

1. 训练目的

放松大腿外侧筋膜与肌肉，处理扳机点。

2. 训练方法

身体呈右侧卧姿势，右臂屈肘撑地，左手扶于腰部，右腿伸直，将筋膜球置于右腿大腿下方，左腿屈曲支撑于右腿前侧。右臂与左脚推地，带动身体前后移动，使筋膜球在右腿大腿处慢慢来回滚动，寻找明显的酸痛点，并可在酸痛点着力滚动。滚动至规定时间后，换另一侧进行该动作（图 13－18）。

图 13－18　筋膜球按压大腿外侧扳机点训练

3. 注意事项

在可承受的范围内利用尽量多的自身重量进行按压，若出现明显的刺痛或不适（非正常的酸痛感），应立即停止训练。

五、筋膜球按压小腿前侧扳机点训练

1. 训练目的

放松小腿前侧筋膜与肌肉，处理扳机点。

2. 训练方法

身体呈俯卧姿势，双臂伸直支撑于地面，左腿屈髋、屈膝，将筋膜球置于左腿小腿外侧下方，右腿屈膝撑地。双手和右腿推地，带动身体前后移动，使筋膜球在左腿小腿处慢慢来回滚动，寻找明显的酸痛点，并可在酸痛点着力滚动。滚动至规定时间后，换另一侧进行该动作（图 13－19）。

图 13－19　筋膜球按压小腿前侧扳机点训练

3. 注意事项

在可承受的范围内利用尽量多的自身重量进行按压，若出现明显的刺痛或不适（非正常的酸痛感），应立即停止训练。避免直接按压胫骨。

六、筋膜球按压小腿后侧扳机点训练

1. 训练目的

放松小腿后侧筋膜与肌肉，处理扳机点。

2. 训练方法

（1）身体呈坐姿，双臂伸直支撑于身体后侧，左腿屈膝，左脚撑地，右腿伸直，右脚向下绷脚，将筋膜球置于右腿下方靠近踝关节的位置（图 13－20）。

图 13－20　筋膜球按压小腿后侧扳机点训练预备姿势

（2）保持身体姿势不变，左脚慢慢向上勾脚，保持 1～2 s（图 13－21）。恢复至预备姿势，重复规定次数后，换另一侧进行该动作。

图 13－21　筋膜球按压小腿后侧扳机点训练

3. 注意事项

在可承受的范围内利用尽量多的自身重量进行按压，若出现明显的刺痛或不适（非正常的酸痛感），应立即停止训练。避免直接按压胫骨。

第四节　肌肉静态拉伸训练

一、静态拉伸大腿前侧训练

1. 训练目的

促进恢复大腿前侧肌群的弹性及初始肌肉长度。

2. 训练方法

（1）身体呈站姿，右腿单腿支撑，左腿向后屈膝，左手握住左脚，右臂向上伸直举过头顶（图 13－22）。

（2）保持身体稳定，左手将左脚拉向臀部，直至左腿股四头肌有中等强度的拉伸感（图 13－23）。保持 20～30 s 后，换另一侧进行该动作。

图 13－22　静态拉伸大腿前侧训练预备姿势

图 13－23　静态拉伸大腿前侧训练

3. 注意事项

拉伸过程中保持躯干挺直，上举手臂伸直，身体稳定。

二、静态拉伸大腿后侧训练

1. 训练目的

促进恢复大腿后侧肌群的弹性及初始肌肉长度。

2. 训练方法

（1）身体呈坐姿，左腿伸直，右腿屈曲，右脚置于左腿内侧（图 13－24）。

图 13－24　静态拉伸大腿后侧训练预备姿势

（2）躯干慢慢前倾，双手沿左腿向前移动，直至左腿腘绳肌有中等强度的拉伸感（图 13－25）。保持 20～30 s 后，换另一侧进行该动作。

图 13－25　静态拉伸大腿后侧训练

3. 注意事项

拉伸过程中保持躯干挺直，拉伸腿伸直。

三、静态拉伸大腿内侧训练

1. 训练目的

促进恢复大腿内侧肌群的弹性及初始肌肉长度。

2. 训练方法

（1）身体呈单腿跪姿，左腿向左打开并屈膝跪地，右腿向右伸直，右脚内侧着地（图 13－26）。

（2）双手扶于右腿上，躯干向右侧下压，直至右腿大腿内侧肌群有中等强度的拉伸感（图 13－27）。保持 20～30 s 后，换另一侧进行该动作。

图 13－26　静态拉伸大腿内侧训练预备姿势

图 13－27　静态拉伸大腿内侧训练

3. 注意事项

拉伸过程中保持躯干挺直，拉伸腿伸直。

四、静态拉伸大腿外侧训练

1. 训练目的

促进恢复大腿外侧肌群的弹性及初始肌肉长度。

2. 训练方法

（1）身体呈双腿交叉站姿，右腿在前，左腿在后，双臂自然置于身体两侧（图13－28）。

（2）向左顶髋，然后右腿微屈，躯干向右侧前倾下压，双手扶于左脚，直至左腿大腿外侧肌群有中等强度的拉伸感（图13－29）。保持20～30 s后，换另一侧进行该动作。

图 13－28　静态拉伸大腿外侧训练预备姿势

图 13－29　静态拉伸大腿外侧训练

3. 注意事项

拉伸过程中保持躯干挺直，身体稳定，拉伸腿伸直。

五、静态拉伸小腿前侧训练

1. 训练目的

促进恢复小腿前侧肌群的弹性及初始肌肉长度。

2. 训练方法

（1）身体呈坐姿，右腿伸直，左腿屈曲置于右膝上，左手握住左膝，右手握住左脚（图 13－30）。

图 13－30 静态拉伸小腿前侧训练预备姿势

（2）右手将左脚向后拉动，直至左腿小腿前侧肌群有中等强度的拉伸感（图 13－31）。保持 20～30 s 后，换另一侧进行该动作。

图 13－31 静态拉伸小腿前侧训练

3. 注意事项

拉伸过程中保持躯干挺直，同时避免使用过大的力进行拉伸。

六、静态拉伸小腿后侧训练

1. 训练目的

促进恢复小腿后侧肌群的弹性及初始肌肉长度。

2. 训练方法

（1）身体呈俯撑姿势，双臂伸直支撑于地面，左腿伸直，左脚脚尖着地，右腿叠放于左腿上（图 13－32）。

图 13－32 静态拉伸小腿后侧训练预备姿势

（2）左脚下压，脚跟慢慢着地，直至左腿小腿后侧肌群有中等强度的拉伸感（图 13－33）。保持 20～30 s 后，换另一侧进行该动作。

图 13－33 静态拉伸小腿后侧训练

3. 注意事项

拉伸过程中保持躯干挺直，身体稳定，拉伸腿伸直。

第五节 弹力带辅助肌肉拉伸训练

一、弹力带拉伸大腿前侧训练

1. 训练目的

促进恢复大腿后侧肌群的弹性及初始肌肉长度。

2. 训练方法

（1）身体呈俯卧姿势，右腿伸直，左腿向上屈膝，将弹力带的一端缠绕在左脚上，双手于头顶上方拉住弹力带的另一端，使弹力带具有一定张力（图 13－34）。

图 13－34 弹力带拉伸大腿前侧训练预备姿势

（2）双手向前拉动弹力带，从而将左腿向前、向上拉，直至左腿股四头肌有中等程度的拉伸感（图 35）。保持 20～30 s 后，换另一侧进行该动作。

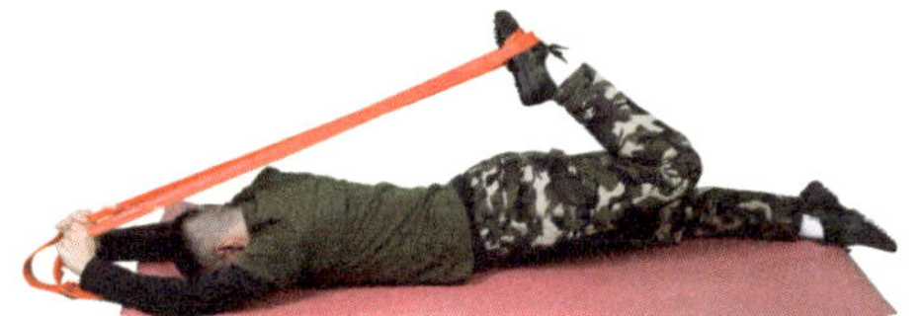

图 13－35　弹力带拉伸大腿前侧训练

3. 注意事项

拉伸过程中保持身体稳定，双手拉紧弹力带。

二、弹力带拉伸大腿后侧训练

1. 训练目的

促进恢复大腿后侧肌群的弹性及初始肌肉长度。

2. 训练方法

（1）身体呈仰卧姿势，左腿伸直，右腿屈髋竖直向上伸直，将弹力带的一端缠绕在右脚上，双手于胸前拉住弹力带的另一端，使弹力带具有一定张力（图 13－36）。

（2）双手拉动弹力带，将右脚继续向前拉，直至右腿腘绳肌有中等程度的拉伸感（图 13－37）。保持 20～30 s 后，换另一侧进行该动作。

图 13－36　弹力带拉伸大腿后侧训练预备姿势

图 13－37　弹力带拉伸大腿后侧训练

3. 注意事项

拉伸过程中保持双腿伸直，髋部紧贴地面，双手拉紧弹力带。

三、弹力带拉伸大腿内侧训练

1. 训练目的

促进恢复大腿内侧肌群的弹性及初始肌肉长度。

2. 训练方法

（1）身体呈仰卧姿势，左腿伸直，右腿屈髋向右伸直打开，将弹力带的一端缠绕在右脚上，双手拉住弹力带的另一端，使弹力带具有一定张力（图 13－38）。

（2）双手拉动弹力带，将右脚继续向躯干拉，直至右腿大腿内侧有中等程度的拉伸感（图 13－39）。保持 20～30 s 后，换另一侧进行该动作。

图 13－38 弹力带拉伸大腿内侧训练预备姿势

图 13－39 弹力带拉伸大腿内侧训练

3. 注意事项

拉伸过程中保持双腿伸直，髋部紧贴地面，双手拉紧弹力带。

四、弹力带拉伸大腿外侧训练

1. 训练目的

促进恢复大腿外侧肌群的弹性及初始肌肉长度。

2. 训练方法

（1）身体呈仰卧姿势，右腿伸直，左腿屈髋竖直向上伸直，将弹力带的一端缠绕在左脚上，双手于胸前拉住弹力带的另一端，使弹力带具有一定张力（图 13－40）。

图 13－40 弹力带拉伸大腿外侧训练预备姿势

（2）双手拉动弹力带，将左腿向右拉，直至左腿大腿外侧肌群有中等程度的拉伸感（图 13－41）。保持 20～30 s 后，换另一侧进行该动作。

图 13－41　弹力带拉伸大腿外侧训练

3. 注意事项

拉伸过程中保持双腿伸直，躯干紧贴地面，双手拉紧弹力带。

五、弹力带拉伸小腿后侧训练

1. 训练目的

促进恢复小腿后侧肌群的弹性及初始肌肉长度。

2. 训练方法

（1）身体呈坐姿，左腿屈膝，右腿伸直，将弹力带的一端缠绕在右脚上，双手于胸前拉住弹力带的另一端，使弹力带具有一定张力（图 13－42）。

图 13－42　弹力带拉伸小腿后侧训练预备姿势

（2）双手拉动弹力带，使右脚脚尖向前勾，直至右腿小腿后侧肌群有中等程度的拉伸感（图 13－43）。保持 20～30 s 后，换另一侧进行该动作。

图 13－43　弹力带拉伸小腿后侧训练

3. 注意事项

拉伸过程中保持躯干挺直，拉伸腿伸直，双手拉紧弹力带。

六、弹力带向内牵拉训练

1. 训练目的

强化下肢平衡性及稳定性，增强动作控制能力。

2. 训练方法

（1）身体呈站姿，双脚并拢，双臂交叉抱于胸前。将弹力带的中段固定在身体左侧约与髋关节同高处（或由辅助者握住），另一端从右腿膝关节外侧绕过，使弹力带具有一定张力（图 13－44）。

（2）左腿上抬至髋关节与膝关节均呈 90°角，右腿保持伸直支撑身体，对抗弹力带施加的拉力（若弹力带由辅助者握住，则辅助者可以通过改变拉力大小给训练者增加扰动，增大动作难度）（图 13－45）。保持身体稳定至规定时间后，换另一侧进行该动作。

图 13－44 弹力带向内牵拉训练预备姿势

图 13－45 弹力带向内牵拉训练

3. 注意事项

动作过程中保持身体姿势稳定不变形。

七、弹力带向外牵拉训练

1. 训练目的

强化下肢平衡性及稳定性，增强动作控制能力。

2. 训练方法

（1）身体呈站姿，双脚并拢，双臂交叉抱于胸前。将弹力带的中段固定在身体右侧约与髋关节同高处（或由辅助者握住），另一端从右腿膝关节内侧绕过，使弹力带具有一定张力（图 13－46）。

图 13－46 弹力带向外牵拉训练预备姿势

图 13－47 弹力带向外牵拉训练

（2）左腿上抬至髋关节与膝关节均呈 90°角，右腿保持伸直支撑身体，对抗弹力带施加的拉力（若弹力带由辅助者握住，则辅助者可以通过改变拉力大小给训练者增加扰动，增大动作难度）（图 13－47）。保持身体稳定至规定时间后，换另一侧进行该动作。

3. 注意事项

动作过程中保持身体姿势稳定不变形。

第六节 动态灵活性训练

常见的动态灵活性训练方法有跪姿膝关节前顶训练。

1. 训练目的

增强踝关节的动态灵活性。

2. 训练方法

（1）身体呈单腿跪姿，右腿屈膝在前，右腿膝关节与脚尖连线垂直于地面。左腿屈膝跪地，膝关节呈 90°角。右手握住长杆，长杆垂直立于右脚外侧，保持身体稳定（图 13－48）。

图 13－48 跪姿膝关节前顶训练预备姿势

（2）保持躯干挺直，身体重心前移，右腿膝关节前顶使其超过脚尖，直至右腿小腿后侧肌群有中等强度的拉伸感，保持2～3 s（图13－49）。恢复至预备姿势，重复规定时间后，换另一侧进行该动作。

图13－49 跪姿膝关节前顶训练

3. 注意事项

拉伸过程中保持躯干挺直，长杆竖直，双腿膝关节朝向正前方，前脚完全触地，避免髋部旋转或倾斜。

第七节 迷你带辅助训练

一、迷你带蚌式训练

1. 训练目的

激活并强化髋外展肌群，提高骨盆稳定性。

2. 训练方法

（1）身体呈右侧卧姿势，右臂屈肘支撑，左手叉腰，抬起上半身，双腿屈曲并拢叠放，右腿完全贴地。将迷你带套在双腿大腿上靠近膝关节的位置（图13－50）。

图13－50 迷你带蚌式训练预备姿势

（2）保持双脚并拢，右腿完全贴地，左腿外旋，使左腿膝关节向上打开至最大限度，保持1～2 s（图13－51）。恢复至预备姿势，重复规定次数后，换另一侧进行该动作。

图 13－51　迷你带蚌式训练

3. 注意事项

动作过程中避免髋部翻转，有控制地完成动作。

二、迷你带站姿单腿外展训练

1. 训练目的

激活并强化髋外展肌群，提高骨盆稳定性。

2. 训练方法

（1）身体呈站姿，双脚分开与肩同宽（或略大于肩宽），双手叉腰，屈髋、屈膝浅蹲，双膝和双脚脚尖均朝向正前方。将迷你带套在双腿大腿上靠近膝关节的位置（图 13－52）。

（2）保持双脚位置不变，右腿外旋，使右腿膝关节向外打开至最大限度，保持 1～2 s（图 13－53）。恢复至预备姿势，重复规定次数后，换另一侧进行该动作。

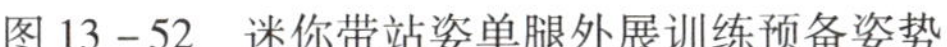

图 13－52　迷你带站姿单腿外展训练预备姿势　　图 13－53　迷你带站姿单腿外展训练

3. 注意事项

动作过程中保持躯干挺直且稳定，双腿膝关节、双脚脚尖朝向正前方。

三、迷你带站姿双腿外展训练

1. 训练目的

激活并强化髋外展肌群，提高骨盆稳定性。

2. 训练方法

（1）身体呈站姿，双脚分开与肩同宽（或略大于肩宽），双手叉腰，屈髋、屈膝浅蹲，双膝和双脚脚尖均朝向正前方。将迷你带套在双腿大腿上靠近膝关节的位置（图 13－54）。

图 13－54　迷你带站姿双腿外展训练预备姿势

图 13－55　迷你带站姿双腿外展训练

（2）保持双脚位置不变，双腿同时外旋，使膝关节向外打开至最大限度，保持 1～2 s（图 13－55）。恢复至起始姿势，重复规定次数。

3. 注意事项

动作过程中保持躯干挺直且稳定，双腿膝关节、双脚脚尖朝向正前方。

四、迷你带侧向行走训练

1. 训练目的

激活并强化髋外展肌群，提高骨盆稳定性。

2. 训练方法

（1）身体呈站姿，双脚分开与肩同宽（或略大于肩宽），双手叉腰，屈髋、屈膝浅蹲，双膝和双脚脚尖均朝向正前方。将迷你带套在双腿小腿上靠近踝关节的位置（图 13－56）。

图 13－56　迷你带侧向行走训练预备姿势

（2）左腿向左迈一步，随后右脚向左迈一步（图 13－57）。双脚交替向左行走至规定的距离（或时间）后，反方向进行该动作（向右侧行走）。

（a）左腿向左迈步

（b）右脚向左迈步

图 13－57　迷你带侧向行走训练

3. 注意事项

动作过程中保持躯干挺直且稳定，双腿膝关节、双脚脚尖朝向正前方。

五、迷你带向前行走训练

1. 训练目的

激活并强化髋外展肌群，提高骨盆稳定性。

2. 训练方法

（1）身体呈站姿，双脚分开与肩同宽（或略大于肩宽），双手叉腰，屈髋、屈膝浅蹲，双膝和双脚脚尖均朝向正前方。将迷你带套在双腿小腿上靠近踝关节的位置（图 13－58）。

图 13－58　迷你带向前行走训练预备姿势

（2）左腿向正前方迈一步，随后右脚向正前方迈一步，如图 13－59（a）。双脚交替向前行走至规定的距离（或时间）后，反方向进行该动作（向后行走），如图 13－59（b）。

（a）左脚迈步

（b）右脚迈步

图 13－59 迷你带向前行走训练

3. 注意事项

动作过程中保持躯干挺直且稳定，双腿膝关节、双脚脚尖朝向正前方。

六、迷你带深蹲训练

1. 训练目的

激活并强化髋外展肌群，提高骨盆稳定性。

2. 训练方法

（1）身体呈站姿，双脚分开与肩同宽（或略大于肩宽），双臂自然置于身体两侧，双膝和双脚脚尖均朝向正前方（或略微外旋）。将迷你带套在双腿小腿上靠近膝关节的位置（图 13－60）。

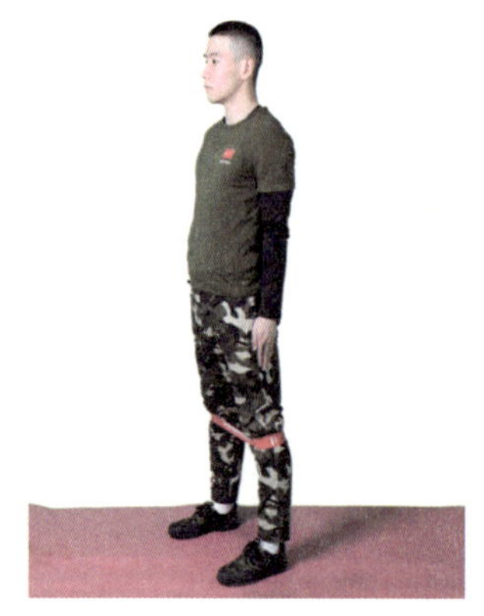

图 13－60 迷你带深蹲训练预备姿势

图 13－61 迷你带深蹲训练

（2）屈髋、屈膝下蹲至大腿平行于地面，同时双臂前平举，保持 1 ~ 2 s（图 13 - 61）。恢复至预备姿势，重复规定次数。

3. 注意事项

动作过程中保持背部平直，两侧膝关节与脚尖方向一致。

第十四章　下肢动作模式训练

在对膝关节伤病发生后的恢复期进行功能强化训练时，除了要进行促进膝关节周围软组织的功能恢复，并提高下肢各关节灵活性的训练和强化下肢及核心区稳定性的功能训练外，还需要发展并锻炼正确的下肢基础动作模式，最后有针对性地强化下肢的功能力量。

第一节　髋关节铰链动作模式训练

一、动态仰卧挺髋训练

1. 训练目的

激活并强化躯干后侧肌群，增强核心稳定性。

2. 训练方法

（1）身体呈仰卧姿势，双腿屈膝，脚尖勾起，脚跟着地，臀部微微抬离地面，双手放在身体两侧自然摆放（图 14－1）。

图 14－1　动态仰卧挺髋训练预备姿势

（2）核心收紧，髋部向上顶起，至躯干与大腿呈一条直线，保持 1～2 s（图 14－2）。恢复至预备姿势，重复规定次数。

图 14－2　动态仰卧挺髋训练

3. 注意事项

动作过程中避免双腿向外打开。

二、单腿仰卧挺髋训练

1. 训练目的

发展髋关节铰链动作模式。

2. 训练方法

（1）身体呈仰卧姿势，右腿屈膝，右脚着地，左腿向前屈膝，双手抱住左膝下方，臀部微微抬离地面（图 14 – 3）。

图 14 – 3　单腿仰卧挺髋训练预备姿势

（2）核心收紧，髋部向上顶起，至躯干与右腿大腿呈一条直线，并在肌肉收紧至最大限度时保持 1 ~ 2 s（图 14 – 4）。然后有控制地放下髋部至即将接触地面，重复规定次数后，换另一侧进行该动作。

图 14 – 4　单腿仰卧挺髋训练

3. 注意事项

动作过程中保持身体稳定，避免头部及上背部离开地面。

三、站姿臀部触墙训练

1. 训练目的

发展髋关节铰链动作模式。

2. 训练方法

（1）身体背对墙壁呈站姿，距离墙壁 20 ~ 30 cm，双手叉腰，双脚自然站立（图

14－5）。

图 14－5　站姿臀部触墙训练预备姿势

图 14－6　站姿臀部触墙训练

（2）双脚自然分开，尽量保持双腿小腿垂直于地面，臀部发力做髋部后顶动作至接触墙面，同时双膝微屈，躯干前倾，重心降低，保持 1～2 s（图 14－6）。恢复至预备姿势，重复规定次数。

3. 注意事项

动作过程中尽量保持双腿小腿垂直于地面，避免膝关节过度向前移动。

四、髋关节铰链正确动作模式训练

1. 训练目的

发展髋关节铰链动作模式。

2. 训练方法

（1）身体呈站姿，双手自然置于身体两侧，双脚自然站立（图 14－7）。

图 14－7　髋关节铰链正确动作模式训练预备姿势

图 14－8　髋关节铰链正确动作模式训练

（2）双手叉腰，双脚自然分开，尽量保持双腿小腿垂直于地面，臀部发力做髋部后顶动作，同时双膝微屈，躯干前倾，重心降低，保持 1～2 s（图 14－8）。恢复至预备姿势，重复规定次数。

3. 注意事项

动作过程中尽量保持双腿小腿垂直于地面，避免膝关节过度向前移动。

五、站姿抬臂髋关节铰链训练

1. 训练目的

发展髋关节铰链动作模式。

2. 训练方法

（1）身体呈站姿，双手自然置于身体两侧，双脚自然站立（图 14－9）。

（2）双脚自然分开，尽量保持双腿小腿垂直于地面，臀部发力做髋部后顶动作，同时双膝微屈，躯干前倾，双臂伸直上举至头部两侧且与躯干呈一条直线，保持 1～2 s（图 14－10）。恢复至预备姿势，重复规定次数。

图 14－9　站姿抬臂髋关节铰链训练预备姿势

图 14－10　站姿抬臂髋关节铰链训练

3. 注意事项

动作过程中尽量保持双腿小腿垂直于地面，避免膝关节过度向前移动。

六、髋关节铰链单腿动作模式训练

1. 训练目的

发展髋关节铰链动作模式。

2. 训练方法

（1）身体呈站姿，双手自然置于身体两侧，双脚自然站立（图 14－11）。

（2）双手叉腰，向前屈髋俯身，同时右腿微屈支撑身体，左腿向后伸直上抬至约与地面平行，保持 1～2 s（图 14－12）。恢复至预备姿势，重复规定次数后，换另一侧进行该动作。

图 14－11 髋关节铰链单腿动作模式训练预备姿势

图 14－12 髋关节铰链单腿动作模式训练

3. 注意事项

动作过程中尽量保持支撑腿小腿垂直于地面，避免支撑腿膝关节过度向前移动。

第二节 下肢动作模式训练

一、深蹲动作模式训练

1. 训练目的

发展深蹲动作模式。

2. 训练方法

（1）身体呈站姿，双手自然置于身体两侧，双脚自然站立，脚尖朝向正前方（或略微外旋）（图 14－13）。

图 14－13 深蹲动作模式训练预备姿势

图 14－14 深蹲动作模式训练

（2）双脚分开与肩同宽，保持背部挺直，核心收紧，双臂前平举，同时屈髋、屈膝下蹲至臀部略低于膝关节高度，保持 1 ~ 2 s（图 14 – 14）。恢复至预备姿势，重复规定次数。

3. 注意事项

动作过程中保持背部挺直，膝关节与脚尖方向一致。

二、弓箭步动作模式训练

1. 训练目的

发展弓箭步动作模式。

2. 训练方法

（1）身体呈站姿，双脚并拢，双手自然置于身体两侧（图 14 – 15）。

（2）双手叉腰，保持背部挺直，左脚向前迈步，同时屈髋、屈膝下蹲至左腿大腿与地面平行，右腿大腿与地面垂直，且双腿膝关节与脚尖朝向正前方，保持 1 ~ 2 s（图 14 – 16）。恢复至预备姿势，重复规定次数后，换另一侧进行该动作。

图 14 – 15　弓箭步动作模式训练预备姿势

图 14 – 16　弓箭步动作模式训练

3. 注意事项

动作过程中保持后侧膝关节不触地，前侧膝关节位置不超过同侧脚尖。

三、原地起跳落地缓冲训练

1. 训练目的

发展落地缓冲动作模式。

2. 训练方法

（1）身体呈站姿，双脚分开与肩同宽，双臂自然置于身体两侧（图 14 – 17）。

图 14－17　原地起跳落地缓冲训练预备姿势

（2）迅速屈髋、屈膝下蹲，同时双臂快速伸直后摆至身体后侧，如图 14－18（a）所示。

（3）双腿发力向上跳，同时双臂伸直上摆过头顶，如图 14－18（b）所示。

（4）双脚落地，屈髋、屈膝下蹲，同时双臂伸直下摆至身体后侧，呈落地缓冲姿势，如图 14－8（c）所示。

（5）保持落地缓冲姿势 1～2 s 后，恢复至预备姿势，如图 14－18（d）所示。重复规定次数。

（a）屈髋屈膝双臂后摆

（b）双腿发力上跳

(c) 双脚落地

(d) 恢复直立

图 14－18　原地起跳落地缓冲训练

3. 注意事项

动作过程中保持躯干挺直，膝关节与脚尖朝向正前方。

四、保加利亚单腿下蹲训练

1. 训练目的

强化下肢功能力量。

2. 训练方法

(1) 身体背对跳箱，呈双腿前后开立姿势，右腿直立支撑，左腿向后抬高，左脚尖支撑于跳箱上，双手叉腰，目视前方（图 14－19）。

图 14－19　保加利亚单腿下蹲训练预备姿势

(2) 保持背部挺直，核心收紧，屈髋、屈膝下蹲至右腿大腿与地面平行，保持 1～2 s（图 14－20）。恢复至预备姿势，重复规定次数后，交换双腿前后位置进行该动作。

图 14－20　保加利亚单腿下蹲训练

3. 注意事项

动作过程中保持膝关节与脚尖朝向正前方。

五、单腿下蹲训练

1. 训练目的

强化下肢功能力量。

2. 训练方法

（1）右脚站立于跳箱边缘，左脚悬空，双手自然置于身体两侧，目视前方（图 14－21）。

（2）右腿慢慢屈髋、屈膝下蹲至大腿平行于地面，左腿向前伸直，同时双臂前平举，保持 1～2 s（图 14－22）。恢复至预备姿势，重复规定次数后，换另一侧进行该动作。

图 14－21　单腿下蹲训练预备姿势

图 14－22　单腿下蹲训练

3. 注意事项

动作过程中保持支撑腿的膝关节与脚尖方向一致。

第三节　辅助训练

一、弹力带深蹲训练

1. 训练目的

强化下肢功能力量。

2. 训练方法

（1）身体呈站姿，双脚分开与肩同宽（或略大于肩宽）双脚踩住弹力带的一端，同时将弹力带的另一端绕过颈后，双臂屈肘向后并用双手于胸部两侧握住弹力带，使弹力带具有一定的张力（图 14－23）。

（2）保持背部挺直，核心收紧，屈髋、屈膝下蹲至左腿大腿与地面平行，保持 1～2 s（图 14－24）。恢复至预备姿势，重复规定次数。

图 14－23　弹力带深蹲训练预备姿势

图 14－24　弹力带深蹲训练

3. 注意事项

动作过程中保持背部挺直，膝关节与脚尖朝向正前方或略微外旋。

二、弹力带分腿下蹲训练

1. 训练目的

强化下肢功能力量。

2. 训练方法

（1）身体呈双腿前后开立姿势，左脚在前，全脚掌着地并踩住弹力带的一端，右脚在后，脚尖点地，同时将弹力带的另一端绕过颈后，使弹力带具有一定的张力，双手叉腰，目视前方（图 14－25）。

（2）保持躯干挺直，屈髋、屈膝下蹲至左腿大腿平行于地面，右腿膝关节几乎接触地面，保持 1～2 s（图 14－26）。恢复至预备姿势，重复规定次数后，换另一侧进行该动作。

图 14－25 弹力带分腿下蹲训练预备姿势

图 14－26 弹力带分腿下蹲训练

3. 注意事项

动作过程中保持双腿膝关节与脚尖朝向正前方，且前侧膝关节位置不超过同侧脚尖。

三、弹力带抗阻弓箭步训练

1. 训练目的

强化下肢功能力量。

2. 训练方法

（1）身体呈站姿，双手叉腰，双脚脚尖朝向正前方。将弹力带的另一端固定在身体正后方高处（或由辅助者握住），中段从腰部前方绕过，使弹力带具有一定的张力（图 14－27）。

图 14－27 弹力带抗阻弓箭步训练预备姿势

图 14－28 弹力带抗阻弓箭步训练

（2）保持躯干挺直，左腿向前迈步，同时屈髋、屈膝下蹲至左腿大腿与地面平行，右腿大腿与地面垂直，且双腿膝关节与脚尖朝向正前方，保持 1 ~ 2 s（图 14 – 28）。恢复至预备姿势，重复规定次数后，换另一侧进行该动作。

3. 注意事项

动作过程中保持后侧膝关节不触地，前侧膝关节位置不超过脚尖。

四、弹力带硬拉训练

1. 训练目的

强化下肢功能力量。

2. 训练方法

（1）身体呈站姿，双脚分开与髋同宽且踩住弹力带的中段，双臂于体前伸直且双手握住弹力带的两端（大致位于膝盖两侧）。然后臀部发力向后顶髋，同时双膝微屈，降低身体重心（图 14 – 29）。

（2）保持双腿小腿垂直于地面，伸髋、伸膝，身体恢复直立，双臂伸直位于身体两侧（图 14 – 30）。恢复至预备姿势，重复规定次数。

图 14 – 29　弹力带硬拉训练预备姿势

图 14 – 30　弹力带硬拉训练

3. 注意事项

动作过程中保持躯干挺直，由臀部主动发力。

五、弹力带支撑硬拉训练

1. 训练目的

强化下肢功能力量。

2. 训练方法

（1）身体呈站姿，双臂自然置于身体两侧，双脚脚尖朝向正前方。左脚踩住弹力带的一端，同时将弹力带的另一端从右侧肩膀上方绕过，使弹力带具有一定张力（图 14－31）。

（2）向前屈髋俯身，同时双臂向两侧伸直打开至侧平举，左腿微屈支撑身体，右腿向后伸直上抬至约与地面平行，保持 1～2 s（图 14－32）。恢复至预备姿势，重复规定次数后，换另一侧进行该动作。

图 14－31 弹力带硬拉训练预备姿势

图 14－32 弹力带硬拉训练

3. 注意事项

动作过程中保持躯干与抬起的腿呈一条直线，避免臀部旋转。

第四节 负重训练

一、哑铃深蹲训练

1. 训练目的

强化下肢功能力量。

2. 训练方法

（1）身体呈站姿，双脚分开与肩同宽（或略大于肩宽），双臂于身体两侧伸直，双手各抓握一只哑铃且掌心相对（图 14－33）。

（2）保持背部挺直，核心收紧，屈髋、屈膝下蹲至大腿与地面平行，同时双臂保持伸直且随下蹲动作自然向下运动（图 14－34）。恢复至预备姿势，重复规定次数。

图 14－33　哑铃深蹲训练预备姿势

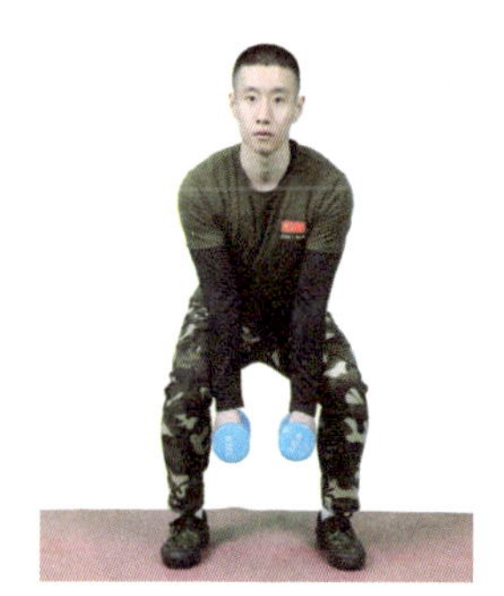
图 14－34　哑铃深蹲训练

3. 注意事项

动作过程中保持背部挺直，膝关节与脚尖朝向正前方或略微外旋。

二、哑铃分腿下蹲训练

1. 训练目的

强化下肢功能力量。

2. 训练方法

（1）身体呈双腿前后开立姿势，左脚在前，全脚掌着地，右脚在后，脚尖点地，身体重心靠前。双臂于身体两侧伸直，双手各抓握一只哑铃且掌心相对（图 14－35）。

（2）保持躯干挺直，核心收紧，屈髋、屈膝下蹲至左腿大腿平行于地面，右腿膝关节几乎接触地面，保持 1～2 s（图 14－36）。恢复至起始姿势，重复规定次数后，交换双腿前后位置进行该动作。

图 14－35　哑铃分腿下蹲训练预备姿势

图 14－36　哑铃分腿下蹲训练

3. 注意事项

动作过程中保持双腿膝关节与脚尖朝向正前方，且前侧膝关节位置不超过同侧脚尖。

三、哑铃正向弓箭步训练

1. 训练目的

强化下肢功能力量。

2. 训练方法

（1）身体呈站姿，双脚自然站立，双臂于身体两侧伸直，双手各抓握一只哑铃且掌心相对，目视前方（图 14 – 37）。

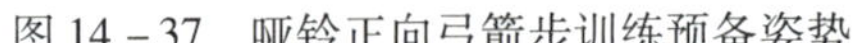

图 14 – 37 哑铃正向弓箭步训练预备姿势

图 14 – 38 哑铃正向弓箭步训练

（2）保持躯干挺直，左脚向前迈步，同时屈髋、屈膝下蹲至左腿大腿与地面平行，右腿膝关节几乎触地，保持 1 ~ 2 s（图 14 – 38）。恢复至预备姿势，重复规定次数后，换另一侧进行该动作。

3. 注意事项

动作过程中保持双腿膝关节与脚尖朝向正前方，且前侧膝关节位置不超过同侧脚尖。

四、哑铃侧向弓箭步训练

1. 训练目的

强化下肢功能力量。

2. 训练方法

（1）身体呈站姿，双脚自然站立，双臂于身体两侧伸直，双手各抓握一只哑铃且掌心相对，目视前方（图 14－39）。

（2）右腿向右侧迈步，同时屈髋、屈膝下蹲至右腿大腿与地面平行且左腿完全伸直，保持 1～2 s（图 14－40）。恢复至预备姿势，重复规定次数后，换另一侧进行该动作。

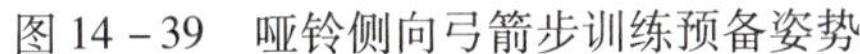

图 14－39　哑铃侧向弓箭步训练预备姿势

图 14－40　哑铃侧向弓箭步训练

3. 注意事项

动作过程中保持躯干挺直，同侧膝关节与脚尖方向一致。

五、哑铃保加利亚单腿下蹲训练

1. 训练目的

强化下肢功能力量。

2. 训练方法

（1）身体背对跳箱呈双腿前后开立姿势，右腿直立支撑，左腿向后抬高，左脚尖支撑于跳箱上，双臂于身体两侧伸直，双手各抓握一只哑铃且掌心相对，目视前方（图 14－41）。

图 14－41　哑铃保加利亚单腿下蹲训练预备姿势

（2）保持背部挺直，核心收紧，屈髋、屈膝下蹲至右腿大腿与地面平行，保持1～2 s（图14－42）。恢复至预备姿势，重复规定次数后，交换双腿前后位置进行该动作。

图14－42 哑铃保加利亚单腿下蹲训练

3. 注意事项

动作过程中保持双腿膝关节与脚尖朝向正前方。

六、壶铃甩摆训练

1. 训练目的

强化下肢功能力量及全身协调发力的能力。

2. 训练方法

（1）身体呈站姿，双脚分开略大于肩宽，双臂伸直且双手于腹部前方抓握一只壶铃（图14－43）。

图14－43 壶铃甩摆训练预备姿势

（2）保持背部挺直，屈髋、屈膝下蹲，躯干前倾，同时双手抓握壶铃经双腿之间向后摆动，如图14－44（a）和图14－44（b）所示。

(3) 伸髋、伸膝，身体恢复直立，同时双手抓握壶铃向身体前方摆动，如图 14－44 (c) 所示。之后，将壶铃继续向后甩摆，进行下一次动作。重复规定次数。

(a) 屈髋屈膝后摆

(b) 屈髋屈膝后摆至最大幅度

(c) 伸髋伸膝前摆

图 14－44　壶铃甩摆训练

3. 注意事项

动作过程中保持肩胛骨收紧，手臂伸直，背部挺直。

七、壶铃站姿提踵训练

1. 训练目的

强化小腿三头肌力量，提高下肢稳定性。

2. 训练方法

(1) 身体呈站姿，双脚并拢，双臂于身体两侧伸直，双手各抓握一只壶铃且掌心相对（图 14－45）。

(2) 脚尖撑地，脚跟向上抬起，保持 1～2 s（图 14－46）。恢复至预备姿势，重复规定次数。

图 14－45 壶铃站姿提踵训练预备姿势

图 14－46 壶铃站姿提踵训练

3. 注意事项

动作过程中保持身体稳定且朝向正方。

八、壶铃负重动态仰卧挺髋训练

1. 训练目的

强化下肢和核心力量。

2. 训练方法

（1）身体呈仰卧姿势，双腿屈膝，脚尖勾起，脚跟着地，臀部微微抬离地面，双手抓握壶铃并放置于髋部前侧（图 14－47）。

图 14－47 壶铃负重动态仰卧挺髋训练预备姿势

（2）核心收紧，髋部向上顶起至躯干与大腿呈一条直线，保持 1～2 s。恢复至预备姿势，重复规定次数（图 14－48）。

图 14－48 壶铃负重动态仰卧挺髋训练

3. 注意事项

动作过程中保持身体稳定，避免双腿向外侧打开。

第十五章　体能训练的踝关节伤病功能康复

第一节　软组织松懈训练

一、筋膜球按压足底训练

1. 训练目的

放松足底筋膜。

2. 训练方法

身体呈站姿，双手叉腰，将筋膜球（也可用网球替代）置于右脚下方慢慢来回滚动（图 15－1）。寻找明显的酸痛点，并可在酸痛点着力滚动。滚动至规定时间后，换另一侧进行该动作。

图 15－1　筋膜球按压足底训练

3. 注意事项

在可承受的范围内利用尽量多的自身重量进行按压，若出现明显的刺痛或不适（非正常的酸痛感），应立即停止训练。

二、筋膜球按压踝关节周围组织训练

1. 训练目的

放松踝关节周围肌肉和筋膜。

2. 训练方法

身体呈坐姿，左腿向左侧伸直并打开，右腿屈髋、屈膝，双手抱住右腿，将筋膜球置于右腿踝关节外侧慢慢来回滚动（图 15－2）。寻找明显的酸痛点，并可在酸痛点着力滚动。滚动至规定时间后，换另一侧进行该动作。

图 15－2 筋膜球按压踝关节周围组织训练

3. 注意事项

避免使用筋膜球直接按压骨骼，若出现明显的刺痛或不适（非正常的酸痛感），应立即停止训练。

第二节 踝关节弹力带辅助训练

一、弹力带向后牵拉踝关节灵活性训练

1. 训练目的

增强踝关节的动态灵活性。

2. 训练方法

（1）身体呈单腿跪姿，左腿屈膝在前，膝关节与脚尖连线垂直于地面，右腿屈膝跪地，双腿膝关节呈 90°角。将一根长杆垂直立于左脚外侧，双手握住长杆，保持身体稳定。将弹力带的一端固定在身体正后方约与踝关节同高处，另一端从左腿踝关节前面绕过，使弹力带具有一定张力（图 15－3）。

图15－3　弹力带向后牵拉踝关节灵活性训练预备姿势

（2）保持躯干挺直，身体重心前移，左腿膝关节前顶使其超过脚尖，直至左腿小腿后侧肌群有中等强度的拉伸感，保持2～3 s（图15－4）。恢复至预备姿势，重复规定次数后，换另一侧进行该动作。

图15－4　弹力带向后牵拉踝关节灵活性训练

3. 注意事项

拉伸过程中保持躯干挺直，长杆竖直，双腿膝关节朝向正前方，前脚完全触地，避免髋部旋转或倾斜。

二、弹力带向前牵拉踝关节灵活性训练

1. 训练目的

增强踝关节的动态灵活性。

2. 训练方法

（1）身体呈单腿跪姿，左腿屈膝在前，膝关节与脚尖连线垂直于地面，右腿屈膝跪地，双腿膝关节呈90°角。将一根长杆垂直立于左脚外侧，双手握住长杆，保持身体稳定。将弹力带的一端固定在身体正前方约与踝关节同高处，另一端从左腿踝关节后面绕过，使弹力带具有一定张力（图15－5）。

图 15－5　弹力带向前牵拉踝关节灵活性训练预备姿势

（2）保持躯干挺直，身体重心前移，左腿膝关节前顶使其超过脚尖，直至左腿小腿后侧肌群有中等强度的拉伸感，保持 2～3 s（图 15－6）。恢复至预备姿势，重复规定次数后，换另一侧进行该动作。

图 15－6　弹力带向前牵拉踝关节灵活性训练

3. 注意事项

拉伸过程中保持躯干挺直，长杆竖直，双腿膝关节朝向正前方，前脚完全触地，避免髋部旋转或倾斜。

三、弹力带辅助踝关节灵活性主动训练

1. 训练目的

增强踝关节的动态灵活性。

2. 训练方法

（1）身体呈站姿，双手扶于身体前方的物体上，身体略微前倾，双膝微屈，左脚脚尖抬起置于瑜伽砖上，脚跟着地，右脚全脚掌着地。将弹力带的一端固定在身体正后方约与踝关节同高处，另一端从左腿踝关节前面绕过，使弹力带具有一定张力（图 15－7）。

图 15－7　弹力带辅助踝关节灵活性主动训练预备姿势

（2）保持身体姿势不变，左腿缓慢伸直，保持 1～2 s（图 15－8）。恢复至预备姿势，重复规定次数后，换另一侧进行该动作。

图 15－8　弹力带辅助踝关节灵活性主动训练

3. 注意事项

动作过程中保持身体稳定。

参考文献

[1] 闫琪. 膝关节功能强化训练［M］. 北京：人民邮电出版社，2022.

[2] 闫琪. 肩关节功能强化训练［M］. 北京：人民邮电出版社，2022.

[3] 闫琪. 腰部功能强化训练［M］. 北京：人民邮电出版社，2022.

[4] GIACOMO G D，COSTANTINI A. 肩关节功能解剖图谱［M］. 柴益民，顾文齐，译. 北京：北京大学医学出版社，2016.

[5] 吉本斯. 肩关节复合体：评估、治疗与康复［M］. 朱毅，张詠霓，李长江，译. 北京：北京科学技术出版社，2021.

[6] 卡潘吉. 骨关节功能解剖学［M］. 刘晖，译. 北京：中国科学技术出版社，2020.

[7] 奥萨尔. 肩关节和髋关节运动功能障碍纠正性训练指南［M］. 闫琪，肖梅，译. 北京：人民邮电出版社，2020.

[8] 刘玉杰，黄长明，薛静. 肩关节疑难病例探索与对策［M］. 北京：北京大学医学出版社，2023.

[9] FUNK L，WALTON M，WATTS A. 肩关节运动损伤［M］. 陈刚，译. 北京：中国科学技术出版社，2020.

[10] 冯思嘉，陈俊，张健，等. 肩关节不稳与 SLAP 损伤联系的研究进展［J］. 中国修复重建外科杂志，2022，36（2）：135－142.

[11] 贝恩，井樋栄二，贾科莫，等. 肩关节的正常和病理解剖学［M］. 赵立连，译. 沈阳：辽宁科学技术出版社，2022.

[12] 姜建元. 脊柱应用解剖图谱［M］. 北京：人民军医出版社，2007.

[13] 孙博，侯中煜. 脊柱与四肢影像解剖图谱［M］. 济南：山东科学技术出版社，2020.

[14] EBLE S K，HANSEN O B，ELLIS S J，et al. The virtual foot and ankle physical examination［J］. Foot and Ankle International，2020，41：1017－1026.

[15] 赵宇，盛伟斌. 脊柱功能解剖学［M］. 北京：人民军医出版社，2013.

[16] 竹内修二，松村天裕. 体育运动中的人体骨骼与关节彩色解剖图谱［M］. 刘晓航，译. 北京：人民邮电出版社，2020.

[17] 韦勒. 肌肉力量训练解剖图谱：新版［M］. 应捷，译. 北京：中国轻工业出版社，2018.

[18] ALAZZAWI S, SUKEIK M, KING D, et al. Foot and ankle history and clinical examination: A guide to everyday practice［J］. World Journal of Orthopedics, 2017, 8: 21 - 29.

[19] 顾德明，缪进昌，丁誉声，等. 运动解剖学图谱［M］. 北京：人民体育出版社，2013.

[20] 贾迈，夏基. 运动解剖学图谱——肌肉结构与功能全解：第3版［M］. 巫泓丞，译. 北京：人民邮电出版社，2021.

[21] 吉本斯. 臀肌运动功能障碍评估与纠正指南［M］. 王悦，译. 北京：人民邮电出版社，2019.

[22] 拉芬斯伯格. 运动损伤的评估与康复训练全书：全彩图解版［M］. 汪皓男，陈铮威，杨璐铭，译. 北京：人民邮电出版社，2023.

[23] 佩雷拉，吉洛，格拉斯布鲁克，等. 踝关节外侧不稳定——踝关节不稳定协作组制订的国际诊疗方案［M］. 赵嘉国，译. 北京：科学出版社，2023.

[24] KEHRER M, KOHLHOR H, Schwetye D, et al. Basic clinical examination of the foot and ankle［J］. Zeitschrift für Orthopädie und Unfallchirurgie, 2020, 158: 657 - 660.

[25] 纽曼. 骨肌运动功能学：第3版［M］. 刘宝戈，敖英芳，马信龙，译. 北京：北京大学医学出版社，2022.

[26] 竹内京子，宫崎尚子. 肩关节功能康复运动训练［M］. 霍明，译. 北京：北京科学技术出版社，2021.